仕事に「好き」を、混ぜていく。

あなたのB面を本業に生かすヒント

電通Bチーム

SE
SHOEISHA

はじめに――本の形をした電通Bチームインターンプロジェクトへようこそ

ここは、刃物のように尖った汐留は電通本社ビルの37階、東側の一番端っこ。一面ガラス張りの窓際に近寄れば、真下には灰色の首都高速と浜離宮の緑、薄く霞がかかった東京湾の上にレインボーブリッジとお台場のフジテレビが見える。

昔、このスペースには紫色のソファーが向かい合わせで2脚置いてあって、ちょうど10人が腰かけて、カジュアルに話せるようになっていた。久しぶりに来てみて、一人ちょっと感慨に耽っている。なぜなら、ここが今からお話しする電通Bチームが生まれた場所だからだ。

電通Bチームについてまずは簡単に、さわりだけ説明しておきたい。電通Bチームとは株式会社電通に実在する特殊クリエーティブ部隊で、

①本業（A面）以外に、個人的側面（B面＝私的活動、すごい趣味、前職、大学の特殊な専攻etc.）を持っている社員が集まり、

②メンバーの多彩な特技と情報収集力を最大限活用し、世の中に今までと違う方法（＝

プランB、オルタナティブアプローチ）を提供する

というBについての2つの由来があり、「Bチーム」と呼んでいる。

つまり、メンバーの得意なこと、好きなことを、本業＝A面に組み合わせて、これからの世の中に必要だと思う、価値や意味のあることを、社会や企業に提供するチーム。現在56名。大企業の中で、超適材適所、ハイパー好きこそ物の上手なれで活動しつづけること6年弱。その詳細や結果は後述するが、好きなことを突き詰めれば突き詰める程、成果が上がることを証明すべく、挑戦を続けている。

僕はそのチームの代表、倉成英俊《くらなり》と言います。電通に入社して20年目。今から約6年前に、そのBチームを作った張本人。名刺上の肩書きは「クリエーティブ・ディレクター」だが、自称は「21世紀のブラブラ社員」。気の合う仲間と意義のあるプロジェクトを作って世に投げることを生きがいにしている。

この電通Bチームは、よく謎だと言われる。まず名前。AじゃなくてあえてB。そして、発足するときにはBっぽく、社からリリースも出していない。組織横断でメンバーが集まっているためバーチャルな地下組織っぽいが、組織図にも載っている歴《れっき》とした部署だったりもする。だいたいそういう部署はノンプロフィット（稼がなくていい）部署と思われ

がちだが、収益もあげている。そしてついに、この二〇二〇年五月からはリーダーも不在にした。

意味も訳もわからないはず。なのに結構これが社内外から問い合わせがある。最初の頃は数えてリストにしていたら年間３００件はあった。ちょっとしたことは人を紹介するとか情報提供で解決し、仕事になりそうなものはチームでプロジェクトとして取り組む。基本問い合わせのほとんどは僕に入り、そこから適任者にパスするので、メールをさばくのが日々大変。

なぜそんなに連絡が来るのか？　それはそそられるから、そしてみんな好きだから。地下組織っぽいものが。怪しいものが。ＡじゃなくてＢが。紹介されてお会いする、いろんな企業の役員の方もよくこうおっしゃる。「いやー、ほんとは私もＡじゃなくてＢ側なんですけどねぇ」と。

さらには、みんな気づいているからだ。働き方やイノベーションについてのニュースが絶えない現代。自らの個性を、または社員の個性をもっと発揮させて仕事していかないとヤバいと。今までのやり方じゃ通用しない。次の方法にシフトしなきゃいけないと。意識的にも、無意識的にも。だから、働き方改革のカンファレンス登壇やインタビューのオファーが常々ある。さらには、ライバル会社の若手が、どうやったら電通Bチームに入れますか？と本気で聞きに来たりもする。

そんなある日、この本の出版社、翔泳社の方からメールが来た。たくさんの問い合わせと同じように、不思議さにつられたんだろうな、と思いつつ実際にお会いしたら、「Bチームって一体どうなっているんですか？」と言いながら、事前に読んでこられた、僕らが発表してきたサービスや原稿の50くらいのリストを見せられた。

「私は、Bチーム自体にも興味があるのですが、むしろBチームのコンセプト、システム、そして人に関心があります。他の企業や組織が、それを取り入れられたならば、より面白い日本になるはずです。むしろ、今の日本に欠かせないコンセプトがそこに蔵されていると感じています」

僕ら（特に僕）は自他共に認める「プロジェクトメイキング症候群」。やんなきゃいけないプロジェクトが常にたくさんある。依頼されたものも進めなくちゃいけないし、誰にも頼まれていない自主開発のものもある。だから、本を書くのは正直断ってきた。だけど同時に、熱意のある、いい人に弱い。そんな方とプロジェクトを組むのが人生の喜びだ。ここまで読み込んだ上に、こう言われちゃあね、と思ったときひらめいた。

「まあ、これもプロジェクトだと思っちゃおう」

ということで、自分の中で腑に落ちて、いろんな企画書を書いてきたPCのキーボードを今叩き始めたところだ。

なので、これは本、だけど本ではない。本の形をした、編集者と僕ら、さらには読者であるあなたと僕らのプロジェクトにしたい。

どんなプロジェクトか？

まず想像されるのは、好きなことや得意なことを仕事に混ぜて、より面白おかしい人生にすることだろう。しかし、それでは物足りない。それだけなら世の中にごまんとある、好きと仕事について書いてある他の本をオススメする。

好きを仕事に混ぜることは、自分のためだけではない。仕事に混ぜる、イコール、誰かの役に立つということだ。誰かも助かる、自分も嬉しい。超一石二鳥。より大きく言えば、天から与えられた自分の才能や興味を世の中のために生かして、社会をより良く変えていく。せっかくだからそれくらいの構えのプロジェクトにしたい。ハードルを上げすぎたかもしれないが、大丈夫。規模の大小は関係ない。誰かというのは、人類全体でも、身近な一人でも構わない。なにより僕らも挑戦中だ。

それにはチームにジョインしてもらう形がわかりやすいだろう。だから、この本は電通Bチームにインターンとして入る、疑似体験プロジェクトになるように書いていく。読んでいる間、あなたが57人目のBチームのメンバーになれるように。インターンという言葉に馴染みがなければ、仮入部でも、見習いでも、見学でも、ゲストでも。そのあたりの捉え方は、読む人の自由で。

ただ、はじめに断っておきたいのは、別に僕らの方法が唯一の正解だとは思わないということ。他にも方法があるし、そもそも好きを仕事に混ぜなくちゃいけないわけでもない。仕事と趣味をきっぱり分けて、立派なお仕事をされている方もたくさんいらっしゃる。その線引きにも方法にも答えはない。常に自分で考えて欲しい。

さあいざ書き始めようと思ったら、メンバーたちからこんな注文が。「ハウツー本にはしないで。らしくないから」と。はいはい、わかってますよ。だから、頭というよりも、むしろあなたの心や気持ちに向かって書く。ノウハウじゃなくて、思いを理解してもらえたら、読者の中で一番応用が利くと思うから。

逆に僕からもメンバーに注文をつけた。リーダーだけが執筆して目立つのも、らしくない。この本はチームメンバー全員で書きたい。結果、現メンバーおよび過去に在籍したメ

Bチーム全メンバーにとったアンケートの束

ンバー計70人以上にアンケートに答えてもらい、その言葉を代表倉成が組み合わせて書き進めることにした。

以下、僕が書き綴っていく言葉は、メンバーみんなの思いやアイデアが詰まっている。生の声も伝わるようにコメントとしても約100個掲載した。著者であるメンバーの詳細は巻末付録「B面の履歴書」に載っているので、そちらもぜひ。

これは、B面という、自分の好きなことや個性を大事にしてきた人々の名言集でもあり、みんなの才能を生かして働く実験的チームの活動を収めたドキュメンタリーでもある。個人で仕事に生かしたい方は1、2、5章を、社員や仲間の才能を生かしたいマネジメント職の方には

3、4章を特に読んでいただきたい。
同じ時代同じ世界に生きるみんなで、それぞれの才能をフルに発揮して、社会を自分たちに即した形に変えていくために。その新しい仲間を見つけるために。ここに、電通Bチームの秘密を開示する。

Are you ready ?

目次

1章 B面を見つける

2章 B面を育てる

3章 Bチームの作り方

0

ようこそ電通Bチームへ

世界でたった1つのチームの紹介

あなたが入ろうとしている電通Bチームは前例のない変わったチームだから、すべて詳しく説明しておかなくてはいけない。だから、その誕生、はじまりから、話したいと思います。たぶん、そこも普通じゃない。けど、何かヒントがあると思うから。

電通Bチームのはじまり

ご存じの通り、電通は広告会社（ま、現在いろんな変革が行われていますが、ここではわかりやすくそう言っておきます）。僕を含めた中心のメンバーの多くは、元々クリエーティブ局に在籍して、広告を作っていました。いわゆるCMやポスターやウェブやキャンペーンなど。

そして、そこで培った広告のスキルを応用して、いろんな企業の新商品開発とか新しいサービスといった、いわゆる新規事業を生むお手伝いや、電通自体の新規事業を作るチャレンジをしていました。ちなみに僕は二〇〇〇年入社。9年間クリエーティブ局に在籍した後、その新規事業部隊で働いていました。

二〇一四年頃。同じフロアに、電通総研というシンクタンクがありました。昔は国に政策提言するような組織だったそうなのですが、その頃は消費者研究や日本の広告費を調べたりするリサーチがメインのようでした。

その組織がたまたま隣になったんですね。そこで、上司の一人のCさんが思いつきます。「あのクリエーティブ新規事業部隊を、電通総研に入れてみたらどうか？　そして、情報を編集してもらったら面白いのではないか」と。

ある日僕はそのCさんに呼び出されます。「電通総研で、倉成さんが中心になって、キュレーションチームを作ってくれませんか」と。「なるほど。面白そうじゃないですか」とまずは答えつつ、即、これを「断り」ます。この瞬間がBチームの始まりです。えー、断ったら始まらないじゃん⁉　と思われるでしょう。まあ、聞いてください。

キュレーションという流行語（当時）がイヤだったんですね。広告業界はホットワードを部署名にしたりするけど、部署作った頃には半歩遅れになってることとかがよくあったりして。そういうのがカッコ悪いなあと常々思っていたから。ただし、総研にクリエーティブが入るのは、世の中見渡しても聞いたことがないし、面白そう。そこでこんな会話をしました。

今まで自分がやってきた仕事でも、同僚や他社がやった仕事でも、僕が広告会社で「良い仕事だなあ」と思うものには、いつも1つの共通点があります。それは人々の「新しい価値観へのシフトを手伝っている」ということ。それが広告であれ、事業であれです。

でも広告業界の仕事は基本受注して発生するもの。それらの仕事は、誰かから依頼されてから考え始め、今の時代はこっちかな?とか話し合って、結果として新しい価値観へのシフトにつながっている。

そうではなく、今回僕らが異動してチームを作るなら、一個人として気づく新しい価値観やコンセプトを「誰にも頼まれていないのに」察知したり、作ったりする、そんな部署ならやります、と答えました。ま、それも一種の情報のキュレーションではありますが、だいぶ意味が違いますよね。

Cさんは「それでいいです」と答えましたが、僕は間髪入れず質問を続けました。「では、今回のゴールはなんですか?」と。その狙いは、目標だけ共有して方法は任せてもらうという条件を引き出すためです。新しいことは指示されたり、途中で口出しされたりしては絶対に作れない。それは、新規事業に携わってきて、体感していたことです。

Cさんの答えは「2年以内に成果を出してください」。さらに質問の手を休めず確認作業を続けます。

僕「そこでいう成果とはなんですか？」

C「自分で決めてください」

僕「ということは、野球にたとえれば、2年後に9回裏が来るとして、何対何で勝つかは自分で決めていいんですね？」

C「はい」

僕「じゃあ、バットの振り方も自分で決めていいですか？」

方法は問わないですよね？　途中で口出ししないでくださいね、という念押し。答えは「いいです」と。そうしてやっと、「ではやります」と受けました。わかりますか？　なので、このやりとりがなければ、生まれていないんです。

ただ、啖呵切ったのはいいものの、「新しいシンクタンクチームを組織して、2年で成果を出す」のは相当ハードルが高いことです。人集めに半年、リサーチに1年、コンセプト作って発信するのに半年。それで成果が出るかは、五分五分の博打だな。なのでこの方法はなし。
じゃあどうするか。他の方法はないか。「一番長くかかるのはリサーチ。この時間を限りなくゼロにできないかな」、そう思った瞬間、ある方法が頭に降ってきました。

「個人活動やってるメンバー集めればいいかも」

広告業界は、社業以外に、私的活動（法律的には副業と呼ばないそうなのでここではこの呼び名で）をしている人が多数いる歴史があります。たとえば、電通では古くは写真家のアラーキーさん（正式にカメラマンとしての社員でしたが）やイラストレーターの安西水丸さん、芥川賞作家の新井満さんに直木賞作家の藤原伊織さん、テクノミュージシャンのケンイシイさんや料理研究家の行正りかさんなどなど。
現代もその私的活動カルチャーを引き継ぐ末裔たちが社内にたくさんいます。実は僕もその一人で、二〇〇五年から社公認で同期とプロダクトを作って、デザインイベントで展示したり、インテリアショップやミュージアムショップなどで売ったりしていました。それが高じて、社からの海外派遣で海外のプロダクトデザイナーのスタジオに勤務したこともあり。なので、一応もぐりのプロダクトデザイナーです。

その他にも、趣味が行き過ぎてる人もいれば、違う業界から転職してきたり、大学時代の専門が特殊だったりという特別な個人的バックグラウンドを持つ人もいる。この社員たちが持っている情報をネットワーク化すれば、リサーチゼロで機能するシンクタンクを始められるかも、と。

実験として、まず8人の社員に声をかけました。その本業以外の活動や特徴を以下列挙すると、ＤＪ、小説家、スキーヤー、元銀行員、元編集者、平和活動家、社会学に詳しい先輩、世界6カ国で教育を受けたロシア人コピーライター。

集合場所は、「はじめに」に書いた電通本社ビル37階の窓際、紫色のソファー席。そして、やってみました。リサーチ時間ゼロの情報共有会。事前の準備なしで自分が好きでやっているジャンルについて頭の中にある情報の共有をやるとどうなるか。

ルールとしてまずは試しにＡ４の紙1枚に１４０文字で書いて共有してみることに。お互いにいくつかシェアしてみる。すると……。面白い。話が止まらない。１時間があっという間に過ぎた。

それぞれの口から飛び出してくるのは、ほんとに知らない事ばかりで、普通にニュースやSNSを見ていてもたどり着けない情報ばかり。どんな検索ワードを何語でいくつ入れたら出てくるのかわからない。そもそもウェブ上にないものもある。ほとんどが1次情報。直接見聞きした生で濃い情報だから、聞く人の頭が一気にインスパイアされてしまう。みんなが一を知ると誰かが何かを十思いついてしまう、そんな時間だった。このやり方イケるね、というか、面白すぎる。

こうやって二〇一四年七月、電通Bチームの元となる、個人的バックグラウンドを持った社員が集まった特殊チームが誕生したのでした。

9→25→40→56　メンバーを増やす

ソファーに集まったメンバーについて、少し触れておきたいと思います。深く疑似体験するためには、仲間のことを知っておくのは大事だと思いますから。

まず、1人目は木村年秀さん。昼間の顔は様々な広告を手がける電通第2クリエーティブディレクション局のクリエーティブ・ディレクター、夜の顔はクラブカルチャー好きは知らない人はいない著名DJ MOODMAN。もう30年以上DJとして活躍し、年間100以上のイベントに出演、10万枚のレコードを所蔵、自身のレーベルもあり、毎年さまざまな音楽フェスにも出演しています。

実は、僕は入社2年目のときにコピーライターとして木村さんに付いていました。音楽についての知見が半端なくて、西海岸はもちろん旅先のオスロから電話しても「ああ、3年前だったらあそこのクラブに行くと良かったんだけどね」と即答。なので、頭の中にある情報だけでリサーチチームが組めるはずというのは木村さんのこのときの印象が元になっています。

次は、鳥巣智行くん。長崎市生まれの生まれつきの平和活動家。高校時代から「高校生1万人署名活動」を行い、Google Maps上に被爆前後の長崎の町の写真と証言をプロットする「Nagasaki Archive」プロジェクトをリード。

被爆65年目の二〇一〇年八月九日テレビをつけると「NEWS23」の長崎の教会からの中継で、ロウソクがたくさん灯る中、入社2年目の鳥巣くんがレポーターに「鳥巣さん、平和ってなんですか？」と聞かれ、大学教授と一緒にコメントしていた。彼が尊敬するのはジョン・レノンで、恐山のいたこさんにジョンを降ろしてもらって、自分のバンドの新曲を書いてもらおうとしたこともある（家族も来てくれないのに来てくれて嬉しいが、あなたたちに言うことは何もない、と言われたとか）。

元編集者は、牛久保暖くん。元々大親友で、僕が電通に引っ張った。慶應ＳＦＣ在学中に、ゼミの研究で「monsoon」という雑誌を作り、なんと1万部売っていた有名人。マガジンハウスの雑誌「Relax」の名物編集長岡本仁さんに目をつけられ、学生時代から編集者兼ライターをしていた。新卒でソニーに入り→コンサルのＡＴカーニー→目黒のデザインホテルClaskaと引く手数多な転職を経てフリーになったときに、「クリエーティブとデジタルとビジネスが一人でわかる親友がフリーになりました」と会社に掛け合い、入社してもらった。頭の中でWi-Fiを受信して検索してんじゃないかってくらい、他ジャンルについていつも詳しい。

社会学に詳しい先輩というのは田中宏和さん。ご存じかもしれませんが、全国の自分と同じ氏名の「田中宏和さん」を１００人以上束ねてギネスを狙う「田中宏和運動」の発起人。常々社会学および社会に関する本を読みまくられている博識。自他共に認める雑学王。

同姓同名コミュニティもある意味「社会」とも言えるし、ということで社会学担当に。

世界6カ国で教育を受けたロシア人コピーライターは、キリーロバ・ナージャ。二〇〇九年、彼女が2年目のときから僕の下に来て、一緒に働き続けていますが、その間に、セナの走りを鈴鹿サーキットで光と音で再現する、ホンダの「Sound of Honda」でカンヌ国際広告祭グランプリをはじめ世界中で賞を総ナメ。二〇一五年の世界のコピーライターランキング1位になり、世界中の広告賞の審査員として大活躍しています。

実は彼女、ご両親の転勤によりロシアと日本を含めた世界6カ国で育ったため、世界中の教育を体験ベースで比較できてしまう人物。Bチーム創設後、世界の教育担当として書いた教育比較コラムはネット上でバズり（「電通報 ナージャ」で検索してみてください）、柴山元文科大臣も引用するほどに。ちなみにお父さんは数学者、お母さんは物理学者。

スキーヤー、小説家、元銀行員については巻末の「B面の履歴書」を見ていただくとして、ま、こんなメンバーで集まったあと、メンバーを増やし始めました。

まず目指したのは25人。なぜ25かっていうと、完全に直感で理由はありません。なんとなく目指しやすかったから。その後次のステップでは40人に。これは学校の1クラスでマネージできる1つの単位と呼ばれているから。で、もう少しいけそうだなと、今は56人になりました。

増やすときのルールは、同じジャンルで固まると情報収集のチャンネルが増えないので基本「1ジャンル1人」で、持ってる情報が良質で、一緒に雑談して楽しい人に入ってもらう。かつ、チームのために働ける協調性がある人に。仕事が来たら一緒に働く必要があるので、実力を持っているかどうかも指標の1つです。

途中から、いろんな企業のブレインストーミングを頼まれることが増えてきたので、そのときにいてもらうと助かるジャンルの人も探しました。「AI」「農業」「健康」「未来予測」の担当は、そのタイプです。

あと実は、人事から頼まれたというパターンもあります。他社に引っ張られてるからなんとか説得して欲しい！とか。これもBチームの大事な仕事です。その人がハッピーに働くキッカケになれるなら、そして優秀な人材を会社に引き留められるなら。その若き人材と会ってお茶をしながら話して、結果入ってもらった人も何人かいます。

メンバーが1人増えるにあたっては、毎回それぞれドラマがある。けれど、一旦ここでは、こんな感じで徐々にメンバーが増えたってことだけ、雰囲気をわかってもらえたらと思います。

面白いチーム誕生、名前はまだない

名前についても気になるでしょうから、チーム名についても話しておかなくてはいけませんね。こうやってメンバーを増やし始めて1カ月後くらいだったかな。その頃の僕は、悩んだらいつも元編集者牛久保暖くんに相談していたから、いつものごとく彼と雑談をしました。「暖くん、名前どうしたらいいと思う？」と。

うーん、とうなって、彼が言うことには。

「Bチームくらいが良くない？」と。

「電通総研って、僕らの前の世代には結構ブランドイメージがあるみたいだから、そういう重厚な組織には、軽くBチームって付けるくらいのノリが、ギャップがあっていいんじゃない？」

「あと、Bチームだと、新しいことのみに特化しますってメッセージにもなるし。Aチームは、稼ぎだとかセンター争うとかで、新しいことやりにくいから」

なるほど、と思い即採用。この日から僕らはチームのことを「電通総研Bチーム」と呼び始めました。これが社内でも誰の異議も出ず、すんなりと、なんとなく定着。その後の組織改編に伴い、二〇一八年一月から電通Bチームに改名し、今に至ります。

しかし、このときの牛久保くんの「Bチームくらいが良くない？」がなかったら、未来は全然違ったでしょう。キャッチーで怪しく、そそる形にしてくれたのはもちろん、後付けにもかかわらず、僕らがやろうとしていた2つのことを「B」の一文字でうまく集約、統合してくれたからです。

「本業＝A面に対する、社員の個人的な側面の『B』」と「プランBやアプローチBといった、Aが機能しづらくなっているときの次、オルタナティブを意味する『B』」とを。

その少し後で知ったことですが、ビートルズは、いつもA面でヒットを狙い、B面には実験曲を入れていたそうです。たとえば「Hello, Goodbye」のシングル。B面は「I Am the Walrus」、直訳すると「私はセイウチ」。改めて聴き直すと曲調も変ですよね（ビートルズ愛好家によるとこの盤面の話には諸説あるそうですが）。

一見変わったチームを作ったように見えつつ、実は、常に新しいことはBから始まる、という世の定石に則っていたわけです。新しいことを、小さく、裏やBから。もちろんうまくいったら、徐々に大きくし、新しい本流＝Aにしていく。Bチームという命名により、使命がより明確になりました。

Bチームが大切にしている3つのこと

Bチームの成り立ちを伝えたところで次に、僕らが大切にしていることを少々。『星の王子さま』に出てくるキツネは言いましたね。「いちばんたいせつなことは、目に見えない」と。その見えない精神的、哲学的部分。そこが、決定的に他の会社やチームと違うから。

まず、一番大事にしているもの。それはメンバーの「好奇心」。だから、始めたときからずっと言っているチームのスローガンは、「Curiosity First」。好奇心第一。工事現場の

「安全第一」の垂れ幕のように、オフィスには「好奇心第一」と貼りたい。貼ってないけど。でも、みんなの心の壁には常に貼ってある言葉。

好奇心は人間のあらゆる活動における一番のエンジンだと思います。好奇心は自主的なもの。誰かに教えられるものじゃない。やりたくてやる。好きだからやる。好きでやっているから傾けるモチベーションが全く違う。当たり前のことだけど、一番大事なことです。

そうすると、集まってくる情報の質が違います。各メンバーには自分が好きだから続けているジャンルがあり、誰も行き着いてないところに行き着いている。そんな人たちが自分の好奇心のアンテナで入手してきた情報を「これ面白くない?」「これ知っといたほうがいいよ」と教えてくれるわけですから。

情報を集めるのはもちろん新しい何かを生むためです。アイデアは情報と情報のかけ算でできると言われます。また、イノベーションも異なる情報の新結合でできると経済学者のシュンペーターは言っています。

だから、良い情報、特に異業種の情報を集めることが大事なわけですが、ここ10年くらい、いろんな組織の方とお仕事して気づくことは、ネットリサーチに頼りすぎている。つまり、誰もが知っている情報しか持っていない。そんな中で他が持っていない情報を持っている。これはすごい武器になります（どんな情報を集めているか、については3章にて）。

そして、好奇心満載の人と一緒にいると周りの人も楽しい。ゆえに人脈も違う。それぞれの背後にはそのジャンルの有識者たちが、心許せる友達として、いる。異業種交流会で名刺交換しまくる、お仕事で人脈を作っている人たちとはわけが違います。

だから、みんなが好奇心を発揮すればするほど、好きなことを突き詰めれば突き詰めるほど、成果が上がる。ま、そんなの言わなくても、みんな好奇心を持ち続けるはずだけど、仕事をしてると順風ばっかりじゃないから、念のためスローガンにしています。

この言葉は、チーム外でも効きますね。お仕事を依頼されたり、講演したりするときに説明すると、いいな！って。うちもそうしたい！って。みんなワクワクして日を輝かせてくれます。まだ一緒に何かする前から、スローガンで誰かをインスパイア、エンパワーできる、共感してもらえる。ってのはいいことだなと思います。

2つ目は、「パーソナルなこと」を大切にしていること。一個人として、今自分が本当に思うことや感じることを、みんなで大事にしています。個人的な感覚、経験、直感、思いを使って、情報を集める。実際の仕事やプロジェクトも、自分がいいと思うから、自分がワクワクするから、やる。

先が見えないと言われる現代。そんな時代だからこそ、この世界の最小単位である個人に立ち戻りたい。自分は今何を思い、感じ、生きているか。誰かの受け売りではない、紛れもない一個人のリアルに。有識者が言っているからとか、シリコンバレーで流行っているらしいからとか、他人の価値観を鵜呑みにしていると確実に間違える。他人の人生を生きるのをやめる。他人のセンスに頼り切るのをやめる。今の日本に大切なのはそういうことだと思います。

舶来物の概念の輸入ばかりで、オリジナルな物がどんどんなくなっている日本から、新しいユニークな物が生まれるでしょうか？　他人の褌で相撲を取り続ける国家に、日本はなってほしくないと思います。さらには、この時代に生きる人は全員この時代についての有識者だって思っています。だって、みんなこの世界で生活しているわけですから。体感しているわけですから。感じていることは間違っていない。堂々ともっと言っていい。

個人的なことから、現在と未来を良い方に変えていく新しい何かを生みたい。勇気を持って、自分が、自分たちが正しいと思うことをするのだ。そういう思いを中心に置いています。

最後に、Bチームのvisionは「自分たちのデザイン」。少し詳しく言うと「自分たちが生きるこの社会をよりよくデザインする」ことです。

この世界は、自分たちが生きている自分たちの世界のはずなのに、なぜこうも違和感がたくさんあるんだろう？ そう思いませんか？ 自分たちが生きているうちに、たくさんの共感する人々と協働して、自分たちの環境や時代を、よりフィットする良い形へデザインしていく。変えていく。そのために、働いているわけです。

例えば、Bチームはたくさんのコンセプトを発表していますが、世の中のためになる概念以外は提唱しません。つまり、一個人として、一日本人として、一地球人として、今後こうなったらいいなとか、こういう萌芽はいいなと信じ、共鳴する概念しか提唱しない。

広告系だと、マーケティングのために「○○世代」「○○消費」など、ターゲットを括って提唱するようなことが過去にたくさんありましたが、そういうのは絶対にNO。なぜなら、一個人として、好きじゃないから。人類70億人、それぞれが全員違う個性を持って生きている。なのに、自分の商売のために人々をカテゴリーで括ってその考えの第一人者になろうなんて、失礼です。

プロジェクトも、自主的に開発するものはもちろんのこと、依頼される案件も、世の中が良くなることにつながると自分たちが共感できるプロジェクト以外はお手伝いしないことにしています。

はじめに書きましたが、そもそも、「新しい価値観へのシフトを手伝う」ことが一番の仕事だと思っていますから、これは社会のいい変革につながるぞ、より違和感がない新しい価値観や生き方のシフトへつながるぞ、という仕事については全力投球。Bチームはもちろん、電通社員、および社外の信頼する仲間たちの才能をフルに出し合って、最高の仕事になるようにチャレンジします。

みんなと常々話し合っているいろいろな思いはまだたくさんあるけれど、一旦これくらい理解しておいてもらって次に進みましょう。好奇心第一で、パーソナルなことを大切にして、自分たちが生きているこの世界を良い方向にデザインしていく。そのために、みんなの才能やスキルを出し合っていく。そういうチームだと理解してもらえたでしょうか？

誰かが、与えられた才能を100%発揮すれば、世界は変わる。だからみんなに活躍してほしい。そう願って日々運営しています。ま、コーヒー飲んだり、おかし食べたり、くだらないダジャレで盛り上がったりしながらですが。

今まで何やってきたか――活動、実績

そんなチームでやってきて、何も結果が出てなかったら、説得力もないでしょうから、少しだけ成果に触れておこうと思います。我々がやってきたことは大きく分けるとこの4つです。

①コンセプト提唱
②受注案件実施
③自主プロジェクト
④講演・ワークショップ・イベント・取材や寄稿

①は、前出の通り、「新しい価値観」自主探索部隊として始まったBチームなので、新しいコンセプトを発表することが1つ目の僕たちの仕事です。

常々56人で、1ジャンル1人、自分の得意フィールドの情報を世界中から集めて、それらを元に察知&考察し、これからの世の中に大事だと思う価値観に、名前をつけて提唱しています。

発足してまだ間もなかった二〇一四年の年末。電通のBチームってのを始めたんですよと、Forbes Japanの藤吉雅春さん（現編集長）に話していたら、「面白そうだから、うちでその開発したコンセプト書いてよ」と言われ、「もちろんですよ」と答えていたら、二〇一五年六月二五日発売号から本当に「電通Bチームのニューコンセプト採集」の連載が始まりました。それから現在まで続き、今まで58個のコンセプトを提唱してきました（二〇二〇年五月現在）。

特にこの中でも企業から人気があるのが、「発想法」。デザインシンキングをはじめとしていろいろと輸入ものの方法論が持ち込まれていますが、そのやり方で日本の現場から新しいものが生まれているか、甚だ疑問です。

僕らは自分たちで作り出し、実際試してみた発想法を、この連載で多数提唱しています。

今まで25個以上。状況に応じてハマる発想法って違いますから。それらを特に企業の新規事業部の方々に提供し、アイデアを生むサポートをしています（3章の事例集2参照）。

②は、依頼されて手伝ってきたお仕事。電通の取引先企業はもちろん、国、自治体、NPO、スタートアップ、学校、一般社団法人から友達まで、幅広くお手伝いさせていただいています。「新しいアイデアで変化を生みたい」、「今までとは違う方法でやりたい」、「プランBが欲しい。やりたい」そんな相談にお応えしてきました。この6年間で、大小さまざま100件はあります（4章の事例集4参照）。

③は、みんなと話しているうちにできちゃったアイデアで、これは誰にも頼まれてないけど自分たちがやるべきなんじゃないか、というサービスやプロジェクト。教育、伝統、あそび、平和活動、町工場支援、ルール、企業研修、食、課題発見etc.のテーマで、世の中に問うたり、ビジネス化したりしてきました。

①は概念ですが、③は実際に見える形で提供しているものですね。違う視点でいうと、Bチームのメンバーは全員イントレプレナー（社内起業家）。自分が発想したことで、世の中にまだないものを投げかけて社会的インパクトを生み、ビジネス化に挑戦しています（3章の事例集3参照）。今までも結構やってきましたが、まだまだ続々と仕込み中。

④は、平たく言うとメディアで自分たちの考えを発信して存在を認知してもらう、ということではあるんですが、その他の部分が大きいです。自分たちの考えを世に問う意味もあれば、そのフィードバックを受けるためでもあれば、同じ考えの仲間を社外からも見つけるためでもあります。

また、イベント自体を作ることもやっています。Bチームに頼むわけなので、これまでと違うイベントを作る依頼です。広告業界団体のACCからの依頼で業界のこれからのために作った「ACCCCC」（ACC Creative Casual Crazy Campus）や、アドミュージアム東京での「裏アーカイブプロジェクト」（サブタイトルは「広告業界が目を向けない広告についてのみ語ろう」）、Forbes Japanの連載に寄稿したコンセプトをテーマに六本木のアカデミーヒルズライブラリーで年に3回トークセッション化したり。

二〇一九年からは、渋谷のラジオでレギュラー番組「電通Bチーム渋谷支社」も始まりました。企業の1部署がラジオ番組を持っているなんて、世界でもBチームくらいではないでしょうか。この辺まとめるとメンバー全員で年間100本くらいの講演やトークセッション、出演や寄稿があります。結構大変ではありますが、ライブで反応がわかる、同志を見つけられるので続けています（3章の事例集3参照）。

「Bチームってこんなチーム」メンバーより一言

ではここで、メンバーとも交流してもらいましょう。って言っても、本なので。Bチームってどんなチームだと思ってるか？　メンバーの声を例のアンケートよりご紹介。ノリがさらにわかってもらえるかと思います。

すごく楽しそうに話しているメンバーを見て、今まで出ていた会議の雰囲気とは全然違う

と思った。自分の好きなことを出していいんだと、自由な空気に最初驚きました。むしろ自分の好きなことを真剣に語れないと、これから生きていくのが厳しいだろうなとも。それからは、発言する内容も隠しごとなしの本音で言えるようになりました。

髙橋窓太郎（パブリックスペース担当）

B面を持っている人たちは面白い人ばかりなので、集まったときの輝きっぷりがすごい。会社にこんな楽しい場所があるのかと思います。Bチームは「オルタナティブアプローチ」を模索しているわけですが、それに答えはなく。常に活動が実験的なので、プロジェクトが自然とワクワクしてしまうのです。私個人の人生では出会わなかったであろう人々と知り合えるので刺激的です。

大瀧篤（AI担当）

自分の好きなことを好きでいていいんだ！　そこから何かが生まれていく可能性があるんだ！　という前向きな気持ちが生まれました。

松永奈々（世界のカフェ担当）

マイナーだと思われていた存在こそが、やっぱりカッコいいってことを再認識させてくれて、自分の進んできた道が間違っていなかったっていうことを指し示してくれるくらいとっても大きな存在です。キテレツなイケてる天才たちとの出会いは強烈かつ衝撃でした。

飯田昭雄（ストリートカルチャー担当）

同僚から「あいつら（Bチーム）何か、楽しそうなこと企んでる?」と尋ねられる機会が多く、それだけでワクワクしています。

大槙伸基（金融担当）

すごく初期のころにフロアの端にあったソファー席でみんなで集まってお互いのテーマの話をしているときの高揚感が一番印象に残っています。テレビのニュースなどでは知ることができない情報が目の前でどんどん出てくる面白さがたまりませんでした。自分ももっと面白い話をしたいな、と刺激されていました。これだけ会社の中に個性やテーマを持っている人がたくさんいるんだ、さらには、知り合うことでそのネットワークを自分も生かすことができる、この会社って面白いことができるんだ！　と感じたことは今でも忘れません。今もBチームがあるおかげで知れる世界や景観、そして感覚があります。

Bチームに入ってから、自分の「好き」が一番のユニークネスなのだな、と思えるようになりました。ビジネスパーソンとしてのスキルセットやマインドセットはもちろん大事ですが、それ以上に「自分は何に興味があるか」「自分が何に面白さやワクワクを感じるか」というパーソナルな知的好奇心が、その人の魅力を作るのだなと思うようになりました。

奈木れい（ペット担当）

山根有紀也（薬学担当）

お互いを認め合う環境も心地よく、相談には快く耳を傾けてくれて、コメントは視野を広げてくれます。仕事だけでつながったメンバーでないところが、Bチームの強みかと思います。

関島章江（EdTech担当）

飲み会やチーム会で集まると、みんな幸せそうだなというのが印象に残っていることです。他のラボ（電通社内にはテーマごとにいろんなラボがある）は「楽しそう」という印象が強く、Bチームは「幸せ」の印象が強いです。自分らしさを価値として発揮できることは幸せなことだなと実感しました。

阿佐見綾香（ダイバーシティ担当）

Bチームの魅力は、閉塞感を打破する力を秘めていることではないでしょうか？　こんなチーム、他にないと思っています。あることに対して必死に努力をしている人は、その同じ努力を楽しくやってしまっている人には勝てません。それが、Bチームの力なのだと。みんな、誰に言われるでもなく、好きでやっていることばかりですから。これはパワーですよね。ベンチャーの立ち上げなどもそうです。たとえば創業メンバー3人でやりたいことをやるので、あのスピードとパワーが出る。歴史のある大企業になると難しいですよね。そこは本当に難しいと思います。だからこそ、電通にBチームがあることは、電通にとっても何か突破口を開くためのヒントになるのではないかと感じているんです。

大山徹（PLAY担当）

どうです？　入りたくなったでしょ？

Bチーム集合写真(撮影：小柴尊昭(写真担当))

https://bbbbb.team

1

B面を見つける

あなたのB面はなんですか？

改めて、ようこそ電通Bチームへ！　57番目のメンバーとして大歓迎します。これから疑似体験プロジェクトを開始していくわけですが、その前に何か飲み物でも用意しましょうか。Bチームにとって、お茶やコーヒーは重要アイテム。どんな話をするときも、何か飲みながらやってます。

なぜなら、個人的な、カルチャーの話をするわけだから、窓のないグレーな壁の会議室なんかじゃなくて、社外のカフェとかで、リラックスしてやったほうがしっくりくる。あなたとの出会いは紙上なわけでそうもいかないから、カフェで、またはお茶かコーヒーでも用意して、読んでもらえたらと思います。

B面を、決めてみましょうか

さて、まずは、あなたの担当分野、つまりB面を決めないといけませんね。

B面とは何か。改めて説明しますと、本業をA面としたときに、それ以外にあなたが持っている個人的で特徴のある側面をB面としています。

この時点で、「私のB面はですね」と言い始める方と、「えー、無理！」と言う方と、2つに分かれそうですね。前者の方。ＯＫ！　それでいきましょう。後者の方。Bチームに興味あるんですけど、と言って、今まで入ってきたメンバーにもそういう人いましたので、ご安心を。電通Bチームはちょっと特別な人が集まっていることは確か。でも、そうじゃなくても、個性を発揮してもらうためにいろんなやり方をしてきたので、大丈夫です。

以下、特に「えー、無理！」タイプがB面を見つけられるように書き進めますが、すでに決めた方も、自分のB面を確認する意味で読んでみてください。読み終わって「やっぱ変えます！」もアリですから。

B面5つのパターン

まずは電通Bチームメンバーのパターンをあげていきます。

1 私的活動タイプ

本業以外で、個人的に何か活動やプロジェクトを持っている人が、それをB面としているタイプです。副業が認められている会社の副業は、まさにそれに当たります。

Bチームでは、ミュージック担当木村年秀（DJとして活動）、フェス担当中島英太（とある草の根フェスをプロデュース）、PLAY担当大山徹（アナログゲーム制作ユニットとして活動）、メディアアート担当下浜臨太郎（のらもじプロジェクトなど）、社会学担当田中宏和（同姓同名の田中宏和さんを集める活動家）、平和担当鳥巣智行（被爆者の記憶を継承するプロジェクトなど）、ビール担当筧将英（東京ビールクラブ主宰）、イラスト担当古谷萌（イラストレーターとしても活動）、美容担当山田茜（インスタグラマーとして活動）、文学担当X（小説家として活動）ほか、がこのタイプです。僕もそもそもプロダクトを販売していたのでこのタイプですね（今は、コンセプトを発信する責任があるので、世界中のあらゆるジャンルのコンセプトを集める「コンセプト担当」がメインですが）。

2 趣味タイプ

このタイプは、とてもわかりやすいですよね。本業以外に趣味がある。その趣味をB面とするパターンです。趣味と言ってもレベルが様々で、すごすぎてそれは本当に趣味なのか？という人もいますが、そうじゃなくても、純粋に「好きなこと」も、このタイプに括っていいと思います。にわか、もありです。

Bチームでは、釣り担当工藤英二（「世界を釣ろう」サイト主宰者）、エクストリームスポーツ担当後藤陽一、落語担当飯國なつき、ペット担当奈木れい、ハンドメイド担当石田沙綾子、「Theater担当坂野広奈、世界のカフェ担当松永奈々ほかがこのタイプになります。

3 前職タイプ

転職された方で、今の本業と違う業界にいた方は、前職はB面になると思います。今いる業界の他の方たちが、したことがない経験と全く知らない情報を自然とたくさんお持ちのはずですから。それは大きな武器になります。

Bチームでは、金融担当大槙伸基（元銀行員）、未来予測担当中谷俊介（元書店員）、ストリートカルチャー担当飯田昭雄（元BAPEギャラリーキュレーター）、富裕層マーケティング担当春原千恵（元外資系証券会社）、プロダクトデザイン担当坂巻匡彦（元KORGのプロダクトデザイナー）などがこのタイプ。前出の牛久保暖（この人だけ特別、テーマフリー）に至っては、元編集者×元ソニー×元外資コンサル×元セレクトショップと、4つのBがあったりするので、過去複数回転職された方は、その中からB面を選ぶ、またはたくさんのB面を持つ、ということになりますね。

また、今違う業界に出向されている方も、出向前の業界をB面にすることができます。たとえば、農業担当の久納寛子さんは、農水省から電通への出向者でした。農業分野は重要なので誰かいないか探していたら、農水省の人でしかもイケてる人がなんと同じフロアに来ていた！　速攻、メンバーになってもらいました。大活躍後、農水省に戻られ、現在は逆に広告業界への出向経験をB面にして、本業の農業で新しいプロジェクトを手がけられています。

4 学校の専攻タイプ

日本ではたくさんの人が、学校（特に大学）の専攻と違う職種に就いています。そして、関係ない職種に就いたがゆえに、せっかく勉強した専門知識を使っていなくて、もったいない状況に。改めて今、専攻を引っ張りだして本業とかけ合わせるのはオススメです。

Ｂチームでは、建築担当奥野圭亮、ＡＩ担当福田宏幸と大瀧篤（ＡＩ担当だけ２人います）、サイエンス担当福岡郷介、薬学担当山根有紀也、3Dprinting担当浅倉亮などがこのタイプに当てはまります。

彼らに声かけたときによく言われたのが「卒業してからだいぶ経ってるからなあ」というセリフ。それでも十分。卒論も書いてるし、卒業後もそのジャンルのことを知らず知らずのうちに一般の人よりもチェックしている場合が多いので。あと「彼（彼女）は、〇〇学部出てるんで」っていうと、即専門家扱いされたりもするので。

学生時代に部活やサークルに入っていた方は、その中から自分のＢ面を探すのもアリです。人よりもたくさんの時間をかけてきたものは、せっかくだから使っちゃった方がいい。

もっと遡って小学校のときに好きだったこともＢ面になりえます。

小学生時代に電子工作に目覚め、それ以来40年ほど続いています。間に長いインターバルがあるのですが、電子工作に使いやすいマイクロコンピュータモジュールがここ数年で数多く出現したことにより復活しました。

阿部光史（Make／電子工作担当）

5 バックグラウンドタイプ

これは、そもそもその人のバックグラウンドの中にB面があるパターン。

バックグラウンドといってもいろいろありますが、たとえば、出身地。北海道担当の松川佳奈は、電通北海道勤務の僕の同期。北海道の情報はいろいろと面白そうだな〜と思って入ってもらったら、的中でした。しかし、彼女としては、地元の情報なんて全然特別じゃない、と思っていたらしいです。

自分にとってはいつも過ごしてるから普通、でも外から見たら新鮮、っていうのがこの出身地パターンですね。Bチームには他に、京都支社と広島支社にも担当がいます。

出身地系ではもう1名、前出の世界の教育担当キリーロバ・ナージャ。サンクトペテルブルグ出身で世界6カ国で育ってきた彼女は、ロシア、アメリカ、フランス、イギリス、カナダ、日本の教育を全部体験しています。教育の研究者も、事例として各国の教育は知っていても体験はしていないから、彼女の教育比較論はとても示唆に富んで人気があるわけですが、そんな特別な人生を歩んできた彼女なのに、それが普通だと思っていたらしいです。ま、これは特別すぎですが。

その他、お子さんがいらっしゃる方は「親」や、「血液型」や、「左利き」なんかもB面になりえます。

ちょっと違う例では「性格」も。二〇一九年の夏、世界最難関と言われるミネルバ大学から2人の学生をインターンとして採用しました。Bチームに入るので彼らにもB面を生かして働いてもらうことに。1人目はモロッコ出身のイドリス。彼はチェス部の主将だったのですぐB面が「チェス」に決まったのですが、もう1人のイギリス出身のクリスはいろんなことができるがゆえに、なかなか決まりませんでした。

悩みに悩んだ彼はマンチェスターのお母さんに電話。グチグチと後ろ向きなことを話していたそのとき、ふと思いつきます。「あ、自分のB面はNegativity（消極性）だ!」。結局彼はそれからNegativityについて研究し、2カ月後には「Miserable Ideation（悲惨な発想法）」を発表。最悪なアイデアをまず出し、それをひっくり返して、普通思いつかないすごいアイデアを生むという方法を編み出しました。つまり、性格もB面と認識すると生かせるかもということですね。

人は多面的な生き物。1人の人間にはほんとに無数の側面があるわけで、その中から1個好きなの、武器になりそうなものをB面として選べばいいと思います。

さて、ここまででハマるものありましたか？　まだない!?　そんな人には、上記5個にはまらなかったパターンを紹介しましょう。

6　その他イレギュラータイプ

・すでに本業にしちゃってた

好きなことを仕事に混ぜたい人にとっては理想の、だいぶ先いっちゃってたタイプですね。

私は、食べることが好きなのはもちろん、主婦でもあるので毎日食事も作りますし、趣味も「食」だったりしますが、一方で家庭科の教員免許を持っていたり、電通で「食生活ラボ（通称：食ラボ）」というプロジェクトを主宰していたりして、25年以上何かしらいろんな「食」に絡む仕事をしています。なので、A面もB面も「食」……というタイプです。

大屋洋子（食担当）

ファッション担当の小池亜季は、元々ファッション好きだったところ、営業としてファッションクライアントを担当することになったので「（AとBが）自然とつながっていました」だそうです。広告代理店をはじめクライアントがある仕事は、やりやすいのかもしれません。

・みんなを見ながら決めた

Bチームには実は、元々B面はなかったけど、仕事上入ってもらっておきたい人が何人かいました。その人たちは「いや、俺B面ないっすよ」とかはじめは言っていたのですが、集まる面白い人々を見ているうちに、追っかけたいテーマを見つけてしまいました。

たとえば、ルール担当の森口哲平。普通ルールというと、禁止して物事を縛っていくものが多いですが、彼はメンバーが持ち寄るいろんなジャンルの情報を見ているうちに、もう1種類、人をクリエーティブにしているものもありそうだと察知。「ルール担当」になりたいと言い出し、世界中の創造的なルールを集めています。

その後、「ルール学」と称してワークショッププログラムを開発、ビジネスにも発展しました。なのに、チームに入った当初は「俺、テレビ見るくらいしか趣味とかないし」と言っていたんですよ。B面を持つ人たちと交流して、自分を比べたり、仲間に刺激されたりしているうちにB面ができることもある、という例です。

・人に言われて決めたタイプ

それでも決められないときは、人に頼るのも手です。好きなことは自分でわかっても、特技って自分じゃわからないことってありますから。

たとえば、Bチームの一番の新参者、一森。彼女のB面は、僕が「タイポグラフィ（文字）担当」やってよ、と言って決まりました。なぜなら彼女には才能があるなと思ったからです。

自分のB面には自分で気付いたわけではなくて、倉成さん含め周りの人から「一森って文

字が得意だよね」と言葉にしてもらったのがきっかけです。文字をトレースしたり、グラフィティを真似てみたり、確かに自分はデザインの要素として「文字」であそぶことが好きでしたが、言われると「人より好きかも、詳しいかも」と自覚がわいてきて今に至ります。人に褒めてもらえたことを意識すること。他人よりちょっと得意、の積み重ねでB面になりえると思います。

一森加奈子（タイポグラフィ担当）

人に指摘してもらうのがいいかもと思いました。それが自分の認識とも一致するかどうか含めて発見がありますよね。

牛久保暖（テーマフリー）

あなたのB面も、誰かに聞いてみましょう。というか、僕もやったことないから、みんなに聞いてみようかな。返答が、楽しみかも。

メンバーから、B面の見つけ方アドバイス

最後に、Bチームメンバーより、B面をどうやって見つけたらいいか？のコツを紹介します。疑似体験中のあなたにとっては、メンバーと会話してるつもりで読んでもらうと、ほんとに一員みたいな雰囲気を味わえるかもしれません。みなさんにとってもここは特に興味深いところでしょうから、多めに載せておきます。

まずは、B面は「すでにそこにある」というメッセージから

見つけるものではないかもしれません。

木村年秀（ミュージック担当）

新しく見つけるというより、今、自分の中に「ある」ものを取り出すことが大切だと思います。自分が面白いと感じて、ついついつい没頭してしまう事柄の棚卸しをすることが良いと思います。

久納寛子（農業担当）

見つかったというよりは、元々あったものという感じです。大事なのは、それを温め続けることと、形にするということでしょうか。

福田宏幸（AI担当）

という3人がいれば、

地球の裏側くらい遠いところか、もしくは自分の足元にB面がある気がします。

上江洲佑布子（分子調理担当）

近くと遠くを探してみたらと言う上江洲は、お父さんが大学教授で、家にパリの分子調理の教授がよく遊びに来ていたのがきっかけで分子調理に目覚めた人だから、確かに足元と地球の裏側のミックスかもしれない。

見つけるんじゃない系の中に、一味違うアドバイスも。

見つけるとかじゃなくて、言い張ったもんがちだと思います。その道には必ず上には上がいるので、結局自分がどれくらいそれが好きなのかどうかに依存するはずです。（自分の担

当のeスポーツの分野では）自分より強いプレイヤーなんてごまんといるし、そもそもプロライセンスも持っていませんし、言ってしまえば本来その業界に何の発言権もないんです。でも、それが自分のB面だって自信を持って言えるのは、やはりゲームが好きだからですね。本当に好きなものを好きって言ってるだけです。しかも、自分のB面を公言していると、いろんな情報が集まりやすかったり、仕事が向こうから来たりします。むしろ言わない理由が無いです。

大江智之（eスポーツ担当）

次は、「好き」の尺度からの見つけ方

食べたり寝たりすることよりも好きなことがあれば、それがB面だと思います。

古谷萌（イラスト担当）

寝食を忘れるのが基準という人もいれば、

と、

普段やってることです。なんでも突き詰めればB面になります。ずっと続けていて苦にならないことが、必ずあるはずです。それがB面です。

福岡郷介（サイエンス担当）

と、苦にならないのが指標という人もいれば、

「無償の愛」がポイントになるのではないでしょうか？ お金をもらわなくても、報われなくても、頑張れる「対象」が、誰にでもあると思います。その対象が「B面」ではないでしょうか。

吉田一馬（広島担当）

と、お金との比較もあれば、

「はぁ、疲れたな」って思ったとき、自分は何にワクワクを感じるか。疲れた自分をキラキラさせてくれる存在は何か、を考えてみるのが自分のB面を見つけるコツかな、と思います。

松永奈々（世界のカフェ担当）

と、疲れがモノサシになるという意見も。松永はさらにいいこと言っているのでもう少し紹介。

「趣味や熱中できるようなこと、好きなこともない」その気持ちもわかります。しかも、「他

の人と趣味被ってるじゃん。自分って何なんだろう」って気持ちも生まれちゃったりするのもわかります。でも、その趣味に対して抱く感情は、自分オリジナルなんです。たとえば「サーフィンが好きです」という人がいたとします。サーフィンが好きな人はこの世にごまんといますが、好きなサーフィンに対して自分が抱く感情、海に対する想い、波に対する感覚、ボードに対するこだわりは、他の人と比較できない自分だけのものなんです。だから、自分に自信をもって、自分のワクワクを見つけてください。

熱いですね。

だそうです。さすが世界中でコーヒーを飲みまくっている女。淹れたてのコーヒー並みに

そして、好きの尺度として一番多かったのは……「時間」

「なんでこんな無駄なことに時間を使ってるんだ私は!!」と自分ではっと気づき、突っ込みたくなるようなこと。その一見「無駄なこと」も、B面に育つ可能性が非常に高いです。

山田茜（美容担当）

学生時代に没頭したこと、好きだったことにこそ、その人ならではのB面のヒントがあると思う。ほとんどの人は、時間があるときって「好きなことしかしない」と思うので、学生時代に熱中していたことがその人のB面なはず。なんとなく、一生ずっと興味を持ち続けられるものだと思います。好きこそものの上手なれ、だし。

奥野圭亮（建築担当）

確かに、好きなことに人は自然と時間をかけているから、B面が発見できる可能性は高いですね。逆に、時間を作ってみるとそれがわかるわけで、そうアドバイスするメンバーもいました。

自分の時間をつくること。仕事のことばかり考えず、早く帰って遊ぶこと。土日は仕事のこと一切考えず、趣味や好きなことに取り組むこと。自分がやったことない、人に誘われた遊びにも、食わず嫌いせず乗っかってみること。

小田健児（宇宙担当）

コミュニティを軸に見つける

同志を探すこと。もしくはその自分が属したい「族＝TRIBE」を探し、そこに入り込むこと。

飯田昭雄（ストリートカルチャー担当）

昔から好きだったコトで、今でもそれ関係の入門書などが多くあるものであれば、それがB面になりうるかと思います。それでも見つからない人は絞りきれていないとも言えるので、ぜひ興味ある複数のジャンルのコミュニティに顔を出してみて、相性を見ていただけると良いかと。人に聞くのも良いと思います。自分の魅力は自分ではわからないものですから。

阿部光史（Make／電子工作担当）

続いて、自分の過去から見つける

本当に好きなものがない、という人はこの世にいません。自分のルーツだとか、ここまで歩いてきた道すがらを、忘れ物でも探す気持ちで隅々まで目をこらして遡ってみる、でしょうか。

松井浩太郎（音楽ビジネス担当）

誰でも、どこかにはB面的なことがあるのにみんなAにはめられて忘れているので、それにもう一回気づいてもらいたいなあとは思います。自分もそうだったので。

キリーロバ・ナージャ（世界の教育担当）

2人とも主張しているのは、忘れてる可能性があるぞ、と。B面は自分の人生の中にあるぞと。忘れ物でも探す気持ちで振り返るか、枠とかタガにはまっていることに気づいてそれを外しに行くか。どちらも新しい人生が開けそうです。

感覚で見つける

感覚と一言で言っても、それぞれに違う感覚を使っているようです。

今すぐ何かに役に立つ（特に仕事にプラスになる）とかを考えずに、自分の本能や感覚に合うかが大事です。A面のために、B面を探すというのでは、うまくいかないでしょう。それは狙ってできることではなく、結果的にだと思うからです。

工藤英二（釣り担当）

「カッコつけなくていいこと」がポイントだと思っています。素の自分。私の場合、A面の本業の方は世の中を見たりお客さんに喜んでもらったりとカッコつけてしまうのですが、B面のハンドメイドは自分の地味さやガーリーな部分をさらけ出せる。カッコつけない自分＝右脳で判断すること。それが快感を得られているか、気持ちいいか、というのが大切で、これは周りと比較できるものではないです。

石田沙綾子（ハンドメイド担当）

自分の欲望に正直になること、逃げずにいることだと思います。自分の「好き」を持ち続けるのは時に難しいし、それでなんとなくおざなりになってしまうことも多いですが、それはちゃんと自分の欲望と向き合えてないからかもしれません。そのためには、自分の嫌いなこと、コンプレックスを客観的に見つめてみることも求められるかもしれないなと思います。

天野彬（SNS担当）

好きなことを見つける、と言われると結構しんどい気持ちになることもあると個人的には思っているのですが、あまり気を張らず、何をしているときが楽しいか。なんの話をしているときにテンションが上がるか。ということを少しだけ冷静に考えてみることからでも良いと思っています。

奈木れい（ペット担当）

少しでも気になったことがあれば、放ったらかしにせず、気の赴くまま試しに小さくやってみること。それを面白いと感じたら、自分が何に面白さを感じているのか？を考えて、言語化すること。中学生の頃から器用貧乏でいろんなことに没頭しながらも「自分が好きなことがわからない」という悩みがあって、「自分はこれが好きだ」と胸を張って言えないコンプレックスを抱えていたのですが、今振り返れば、そのモヤモヤを無視せず自分の中に飼い続けたことが良かったのかなと思います。

山根有紀也（薬学担当）

本能、右脳、欲望、テンション、コンプレックス、気になるetc.、あなたが合う感覚を使ってみましょう。

熱いアドバイスが続いたので、最後はデザート的に軽く

チルチルミチルの青い鳥のようなものかと思います。見つかるときは見つかるし、見つからないときはタイミングではないのかもしれません。

中島英太（フェス担当）

A面は、食べるための仕事として誰もが10代後半から20代後半に見つけるものだとすると。A面だけで満足いくなら、それに越したことはないとも思います。でも100%満足いかないとどうするか……。それは趣味というかたちで解消されていくのかなと。なので、自分は趣味くらい軽い気持ちでB面にエントリーするのがよいと思っています。

下浜臨太郎（メディアアート担当）

以上、多様なアドバイスと同時に、1つのトピックに対して一気にいろんな視点がもらえるBチームの特徴も味わっていただいたところで。そろそろあなたのB面も決まった頃かなと思います。

この章の締めくくりに、1つ手を動かしてみましょう。

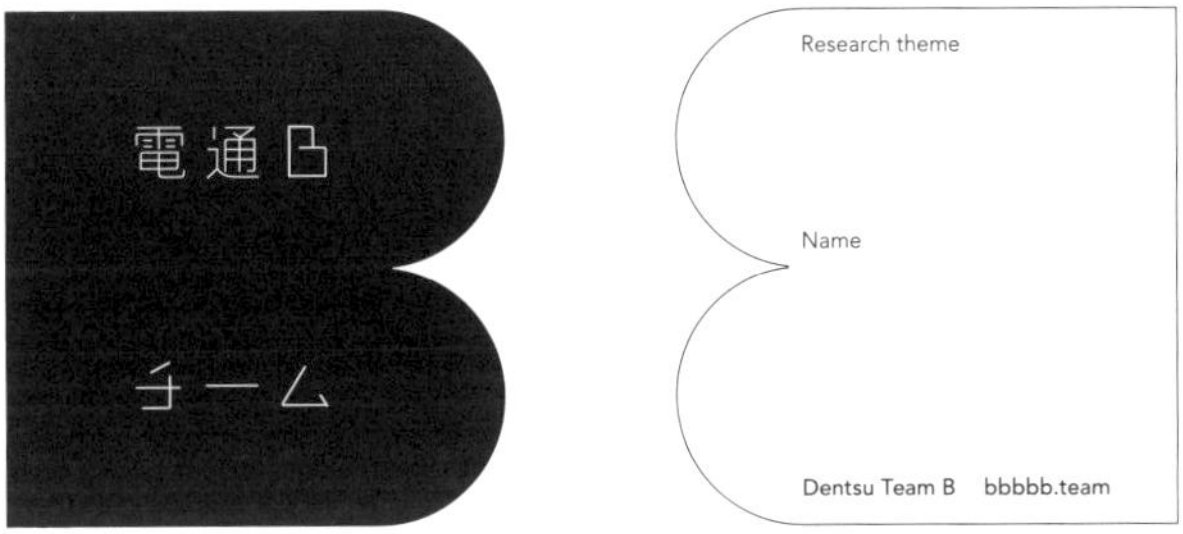

電通Bチームのカード（左が表面、右が裏面）

Mission 1

上の図を見てください。これは、電通Bチームのカードです。「B」の形に抜いてあり、裏面には自分の名前と、担当しているジャンルを手書きで書くようになっています。実際にメンバーはみんなこれを使っています。ここに、あなたの名前と今決めたB面を書き込んでみましょう。

できましたか？　これであなたも、電通Bチームの仲間入りです。

美容 イラスト 発明
ーシャルキャンペーン
栽 釣り PLAY(あそび全般)
ダイバーシティ 茶道
宇宙 メディアアート
エクストリームスポーツ
ラブカルチャー SNS
真 農業
IY トラベルフォト
食 グローバル 音楽ビジネス 薬学
プロダクトデザイン
俳句 伝統 若者 チェス
爬虫類 世界のカフェ
ストーリー Negativity
テーマフリー
フェス 人事 広島 未来予測
パブリックスペース

Bチームの担当ジャンルリスト

※過去在籍したメンバー含む。

富裕層マーケティング　落

Theater　漫画　ルー

バイオ　分子調

ワークプレイス　ハピネス

新職業　社会学　hac

シリコンバレースタートアップ　旅

AI　健康　哲学

ファッション　建築

ストリートカルチャー

京都　EdTech　古着　タイポグラフ

ペット　コンセプト　世界の教

北海道　eスポーツ

平和　サイエンス　3Dprinting

ビール　ハンドメイド　手描

Make（電子工作）　金融

事例集1　電通Bチームメンバーの個人的なB面プロジェクト

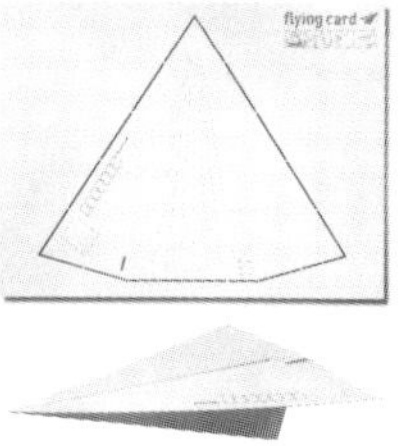

1

世界を釣ろう
fish the world

2

3

4

5

UNITED
RICE BALL

6

7

BONJIN
Project

8

cococolor
Diversity is beautiful.

9

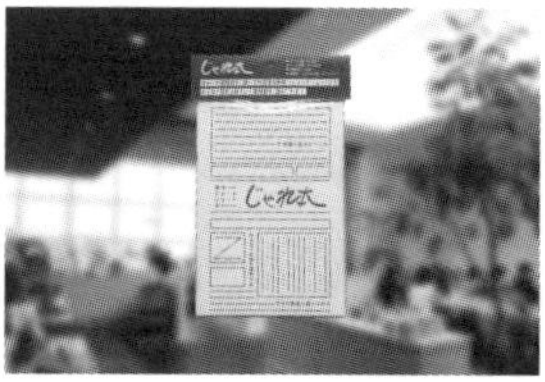

10

11

12

13

14

Nagasaki
Archive

15

16.weekender/ 17. LINKAGE/ 18.DAYLILY/ 19.田中宏和運動/ 20.とりあえずやってみよう大学/ 21.パンダ音楽祭/ 22.RAINBOW RESEARCH展/ 23.ソフトロボット版バジェットガエル/ 24.女子学研究/ 25.東京ビールクラブ/ 26.SNS変遷史/ 27.ママキャリア/ 28.リーマントラベラー

24

21

16

東京
ビール
クラブ

25

22

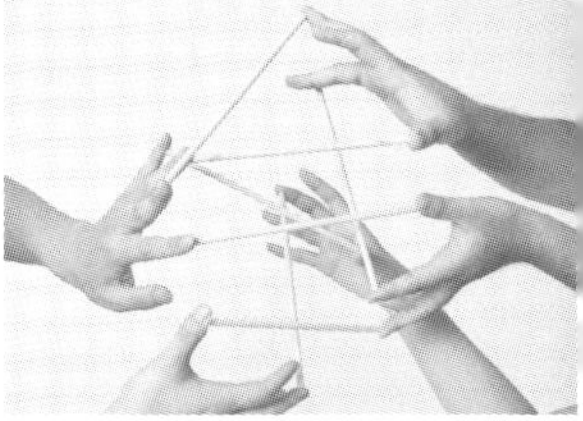

17

26

18

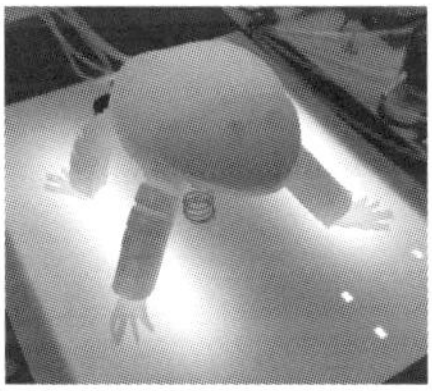

23

ママキャリア

27

19

28

とりあえずやってみよう大学
UD TF
University of Don't Think, Feel

20

1.flying card/ 2.世界を釣ろう/ 3.ナージャの5つの学校/ 4.Braille Neue/ 5.さんごさん/ 6.UNITED RICE BOWL/ 7.ポラリッチ/ 8.BONJIN Project/ 9.cococolor/ 10.じゃれ本/ 11.元映画館/ 12.のらもじ発見プロジェクト/ 13.vermilion.black/ 14.FWT HAKUBA/ 15.Nagasaki Archive/

2

B面を育てる

ゆるく、勝手に、自然に

「Bチームのみなさんって、自分のB面をどうやって育ててるんですか？」そんな問いを編集者からぶつけられて。実は困ったんですよね。だって、好きなことは好きだから、勝手に無意識でやってるものじゃないですか。難しいこと聞くなあと思いつつ、メンバーに聞くと、これも多様なキーワードが出てきました。

人それぞれ。千差万別。とはいえ、俯瞰してまとめてみると、大きな流れとしては3つのステップがありそうです。いや別に、好きなことやるのにわざわざステップ化しなくてもいいんですけどね。でもいい気づきもあるから、一応順を追っていきましょう。「ゆるく楽しむ」→「何かする」→「詳しくなる」という流れです。

ゆるく楽しむ——B面の育て方は自然栽培

普通のハウツー本だったら、好きなこと、得意なことを育てたいなら、まずは何カ月続けてみましょう、とか、そういうことになるんでしょうか。イメージですが。でも、Bチーム的には続けてください、とは言わない。なぜなら、みんなが言っているのは、もっとナチュラルでオーガニック。

自然と続けてしまう。

阿佐見綾香（ダイバーシティ担当）

B面を続けるのはゼロカロリーなんですね。逆にそういったものじゃないと、B面を続けるのはめんどくさいですよね。

奥野圭亮（建築担当）

特に続けようとも、やめようとも思うことなく、なんだか続いています。たぶん続けられないことはB面ではないのではないでしょうか。

田中宏和（社会学担当）

続けてこられたというか、続いてしまっている、という感じが近いです。

飛田智史（古着担当）

たぶんB面は続けようと思って続けることではないです。勝手にやってるものです。

福岡郷介（サイエンス担当）

「好き」を続けることに苦悩はないと思います。「好き」は無理をしなくても続いていくと思うので。

松永奈々（世界のカフェ担当）

楽しいことには抗えないところがあるのだと思います。

大山徹（PLAY担当）

みんな自然栽培なんですよ。好奇心を放牧する。好きな気持ち放し飼い。そこに添加物や農薬は入れちゃいけない。でも、いくら好きでも自然じゃなくなっちゃいそうなときもある。そんなときにはどうするか？

コツは強制的にやらないということで、気が向いたらまた始めればいいくらいの距離感の方がいいかなと思います。

筧将英（ビール担当）

基本スタンスは「趣味」なので、自分がやりたいかどうかが中心です。誰かのためにやる

ことが重くなれば休めばいいし。いやなものは断ればいい。

小柴尊昭（写真担当）

あくまでありのままに。B面はLet it go の世界です。それを違う角度の言葉で言うと、

ゆるく楽しむこと。

飯國なつき（落語担当）

となります。この「ゆるい」もBチームキーワードの1つ。よく言われます。ゆるいって。このカジュアルさは大事です。堅いと動きも発想も縮こまって、どうしようもなくなっちゃう。西海岸のスタートアップがみんなTシャツを着てるのもそういうこと。ゆるいは自然体。ゆるいと楽しい。ゆるいとつながりやすい。

好きや得意なことですから、当たり前といえば当たり前ですが、こんな超自然体でみんなそれぞれのB面に向き合っています。

何かする――好きの力に身を任せて

好きな人ができたらアプローチしたくなるように。好きなことに対しても、みんな自然と勝手に、誰に頼まれるわけでもなく、何か行動を起こしています。見る、行く、買う、食べる、飲む、集める、調べる、参加する、作る、発信する、などなど。その種類は、人それぞれかつ、ジャンル毎に違いますね。3つほどピックアップしてみてみましょう。

作る

電通Bチームは、広告会社のメンバーが集まっていることもあり、作っている人が多いです。

PLAY担当の大山徹はアナログゲームを作っては発表しています。フェス担当の中島英太は毎年草の根フェスをプロデュース。分子調理担当の上江洲佑布子は嚥下障害の人でも食べられるムース状のお寿司を作り、パブリックスペース担当の髙橋窓太郎は友人と元映画館をリノベーションしたスペース、その名も「元映画館」を開店。などなど。

振り返ってみると4〜5年ごとに新しい取り組みにチャレンジしている節があります。

鳥巣智行（平和担当）

ハンドメイドの世界ではどんなに下手くそでも楽しくて楽しくていっぱい作っちゃったから売ってみよう、という人なんていっぱいいます。楽しかったらいいではないですか。まずはにわかBでもいいので。

石田沙綾子（ハンドメイド担当）

発信する

ネットの普及で個人が発信しやすくなった現代の特性を生かして、発信している人も多いです。美容担当の山田茜はインスタグラマーとして有名だったり、ソーシャルビジネス担当の坂本陽児は気になった世界の事例をブログに常々まとめたり。釣り担当の工藤、ビール担当の筧は自分のサイトを持っています。

私自身、アラスカやカナダへ釣りで旅を続けているのですが、行ける場所や経験できる釣りにも限界があります。自分のように釣りが好きで、私も行ったことがない場所へ釣りに行った人の海外体験インタビューを掲載するウェブサイト「世界を釣ろう」を二〇一四年から運営しています。そのインタビューがきっかけで様々な出会いがあります。

工藤英二（釣り担当）

「自分の好きなもの」を「人に見える形にもう一歩進めてみる」のは大事ですね。私の場合には、ビールが好きだったので、メディアを作ってみたのと、あとビールの資格を3つ持っています。そうやって人に言えるものにすると、ネタになって話題に上げやすくなるので、自分のアイデンティティとして人は見てくれるようになります。最近は各団体に資格制度などがあるので、そこから始めてみるのがやりやすいかなと思います。

筧将英（ビール担当）

人と会う、コミュニティに参加する

類は友を呼ぶ。類は友になりやすい。会うことで、共感する、刺激をもらう、情報も増える、より楽しくなる。リアルでもオンラインでも、類に出会うことで、B面はより育つ。

A面では出会えない人たちと、B面で出会ってつながり続けているのは全員に共通することのようです。

B面は、そもそも好きなものとか、惹き寄せられる感覚だけで追いかけつづけている領域なので、やはり同じようにそこに惹き寄せられてくる人々が自動的につながります。

松井浩太郎（音楽ビジネス担当）

そういったテーマについてのオンラインサロンに入っています。

天野彬（SNS担当）

海外の広告賞に結構自腹で行ったりして、そこで何度も会った仲間たちとは今でもやりとりしています。

坂本陽児（ソーシャルビジネス担当）

以上、「何かする」についてですが、みんなそれぞれすごい活動をしてます。好きの力はすごいです。巻末の「B面の履歴書」でチェックしてみてください。

詳しくなる――B面アンテナは勝手に情報を拾う

好きな人のことは知りたくなってしまうように。好きなことについても勝手に詳しくなってる。ついまた恋愛のたとえになってしまいましたが、そんなことはないでしょうか？

単純にそういったもの（プログラミング周り）が好きなので、自然と探してしまいます。

木田東吾（hack担当）

Bチームの「損得なく、ただ〝好き〟だから、詳しくなっていること」を生かす、みたいなコンセプトが好きで、好きなことが一番強いよなあ、と改めて思うようになった。

飯國なつき（落語担当）

好きである、それだけでも自然と情報は入ってきますが、Bチームではもう一つ勝手に詳しくなる工夫をしています。それは、肩書き。Bチームではメンバーのことを「特任リサーチャー」と呼んでいます。建築担当特任リサーチャー、ファッション担当特任リサーチャー、という風に。
これが結構効果があって。担当になることで、自然とアンテナがより立つ。しかも常時。アンテナがより高く立つというか、情報をキャッチする精度がより上がるというか。

Bを「リサーチャー目線でみる」視点が発明だと思います。リサーチャー目線で俯瞰してみると、仕事につながりやすいのだと思います。ハンドメイドのイベントにたくさん訪れるようになり、例えばトレンドに気づく、人脈を作れるようになる、どんな会社が出入りしているのかわかるなど。

石田沙綾子（ハンドメイド担当）

詳しくなるっていうのは、仕事に好きなことを混ぜていくには、とても入りやすいやり方です。最初は「あいつ詳しい」と言われて情報提供者から始めていく。もし、そのジャンルの仕事が発生したらあなたは有識者として大抜擢されることになりますし、仕事先のお偉いさんと趣味が同じだった場合なんかにもいきなりスポットライトがあたります。
そして、さっきも書きましたが、アイデアもイノベーションも異なる情報の組合せ。国も企業もあらゆる組織が今喉から手が出るほど欲しいそれらの素である情報を、あなたはたくさん持つ。しかも本業とは別の物。イノベーションを生むかけ算のために必要な「異なる2ジャンルの情報」を1人で持っていることになる。これは組織の中でとても重宝されます。

その視点で、本を読んだり関連ニュースに日常的に目を通したりするようにしていくと、ある程度時系列でその分野について語れるようになるので、そのような形で育てていけば、いつしか自分のB面として名乗れるようになるのではないでしょうか。

春原千恵（富裕層マーケティング担当）

B面を育てるために必要な、あるもの

ここまで、それぞれがどうやってB面を育ててきたか、流れを追ってきましたが、その背後でみんなが共通して大切にしているものが1つあります。それは再び登場、「時間」です。1日24時間なのは、万人に平等なこの世のルール。その資源をB面に割り振らない

といけません。育てようと思ったら、植物でもB面でも時間がかかるのは同じなようです。
どんなに忙しくても意識して時間を作るようにしてきたことが、より続けてこられた秘訣になっていると思います。

山田茜（美容担当）

A面ばかりで押しつぶされないように、B面の時間を一定時間確保することを努力しています。余った時間でやろうとせず、B面時間を先取りしておくことが大切です。

久納寛子（農業担当）

もっと長い時間を確保しようと思ったら、休みを取らなくてはいけません。休暇についてもBチームには釣り担当工藤という先人がいます。海外の釣りにはたくさんの時間がいる。そこから生まれた工夫です。

私は働き方改革という言葉もなかった一九八〇年代後半（バブル期の真っ只中）から、1週間以上の休みを取って最低年1回は海外へ釣り旅に出かけていました。当時は営業局に在籍していたにもかかわらず、なぜできたのか?「休めない」のは思い込みであり、周囲の目が怖くて「休まない」のが本心と気づき、本気で遊ぶためにちゃんと長期休暇をとろうと20歳代後半に決意。実行しました。そのときに編み出したコツがいくつかあります。

まず、早めに計画して会社関係者にも家族にも、例えば今年の夏はアラスカにキングサーモンを釣りに行くと年初から言い始めること。そして、言い続ける。他人は人の遊びの計画などはすぐ忘れるので、言い続けることが重要です。初めて長期休暇を取るのは勇気がいりますが、二度三度と毎年継続すると「あいつはああいうやつ(=年に一度は海外へ釣りにいくやつ)だと思われる」ようになる。そうなればしめたものです。クライアントからも次はどちらに行くのですか?と聞かれるようになったりします。「単に休みます」よりも、「何のために休むか」というアクティブな目的や人に話せるようなネタがあるとより休みを取りやすくなる実感があります。

また、出発前は、休んでいる間にトラブルが起きないように、アタマをフル回転してそれまで必死に仕事をします。どうしても積み残した仕事は、先輩や後輩に丁寧な引き継ぎメモを作成して依頼。もちろん、快く引き受けてくれるような信頼関係を日頃から築いていくことがとても大事です。本気で遊ぶためには、これくらいの努力は苦にならないはずです。

そして、旅に行っている間は、一切仕事を忘れる。これが最高のリフレッシュになります。

B面は無理せず自然に育つもの、とは言いつつ、時間の確保についてはみんな裏で必死の努力をしているのでした。

さて、次の章ではチームミーティングに、あなたにも参加してもらいます。そのために事前準備を1つお願いしておこうかなと。

Mission2

あなたのB面ジャンルから、これはポテンシャルがあるな、と思う事例を集めてきてください。「ポテンシャルがある」とは、すごくインスパイアされるとか、他ジャンルに応用すると何か生まれそうとか、同僚には知っておいて欲しいとか、そのようなことを指します。珍しい昆虫や植物を集めるみたいに、ポテンシャル事例を採集してきてください。

ポテンシャル採集シート 20　/　/

名前

B面

事例タイトル

概要

面白いと思った理由

画像やリンク

3

Bチームの作り方

才能の組合せに超こだわる

B面を見つけ、育てる方法を覗いてもらったところで、さあ、ついにBチームの活動に参加していただきます。いつも我々がどういう活動をしているか、書いていきますが、疑似体験感が出るよう、あなたにも考えてもらうタイミングも設けていきます。流れに沿っていけばBチームの活動も、作り方もわかる、そんな章です。B面を持つ人が集まると、何かが起こる。あなたが参加することで、何が起こるでしょうか？ 楽しみです。

改めて、電通Bチームの「B」は何の「B」か、おさらいすると、
① B面を持っている社員の力を集結しているから
② 今までと違う方法（プランB）のみを提供するから
でした。社員の個性を生かしたい①と、新規プロジェクトを立ち上げるチームを作りたい②。

相談に来られる方は、①か②どちらかが目的という場合が多いです。その片方だとしても、応用できるヒントはあると思うので読んでみてください。

ただあくまで、これは我々の場合。組織によって、目的も文化もルールも違うので、あ

なたの組織でそのままうまくいくとは限りません。ご自分の立場に合わせてアレンジしつつ、うまく引き継いで、何か新しいことを生んでもらえたらと思います。

Bチームを作り、活動するまでには大きく分けて5つのステップがあります。

①メンバーを集める
②個人でリサーチする
③情報を共有する
④コンセプトやプロジェクトを作る
⑤受注や相談に応える

1ステップずつ、分けて見ていきます。

①メンバーを集める

Bチームですから、まずはB面を持っているメンバーを集めます。もちろん1人でもいいのですが（1人で仕事に好きなことを混ぜていく方法は5章にまとめます）、仲間がいた方がよりすごいことができる。困ったときは助け合い、チャンスは一緒に広げられます。Bチームってどうやって作るんですか？と訪ねて来られたときによく聞かれることを元に、方法をまとめてみます。

B面を持っている社員をどう見つけるか？

僕の場合は、その人が「B面を持っていることを元々知っていた」人から声がけし始めました。なぜ知っていたか？というと、打ち合わせで余談をよく挟むから。趣味や前職の話が出てきたりするように、常々仕事と関係ない話をする。それが、Bチームの組成の発端になるかもしれません。その中でも同じ部や局、同じフロアや、入社年同期など、何かしらの共通点がある、自分に少しでも物理的に近い人と始めるとその後の展開が早いと思います。

あとは紹介。こんな人探してるんだけど、と周りの人に言っておくと、そのうち教えてくれる確率は高いです。僕らの場合は、農業担当とＡＩ担当、未来予測担当は、紹介されて出会いました。社員の趣味情報は、企業によっては社内報に書いてあったり、社内イントラで検索できたりといろいろとあるはずなので、組織ごとでの使えるリソースを使ってみてください。その視点で探し始めると結構見つかります。

どういう人を探すか？

B面を持っている人なら誰でもいいか？というと、そういうわけではありません。気が合うか、目的が合うか、どちらかの人をお勧めします。

ちなみに僕の指標は、「お茶を飲んで楽しく」「野心があって」「心がきれいな人」。

お茶飲んで楽しいっていうのは、雑談が盛り上がる、ずっといて楽しい、価値観が合うなど、ゆるそうで実はいろんなことを包括している指標。野心があるっていうのは、何か変革しよう、新しいことを生もうという気概があるかどうか。だって一応仕事ですからね。好きなことを仕事に結びつけようとしているんですから。心がきれいっていうのは、協調性の指標。みんなで力を合わせて、知恵を出し合って、すごいことをするためにチームを組む。自分だけ手柄をあげようって人は、ごめん被っています。最初はよくても、後々チームが壊れる元凶になります。

そんな価値観を、メンバーも常々感じてくれているようです。

電通内あちこちにすごい人がいるにはいるのですが、なかなか一堂に会することもないし、すごい人がそれぞれの知見をあんなにドバドバと惜しげもなく披露して、それに対してまた別な角度からの視点で意見交換する場にいられることは幸せだし、課題解決にも役立つ可能性を感じます。あれだけ人数がいるのに、悪い意味での計算高い人がいないように思えるのもすごい。企業内にメンバーがいるメリットは、安心して情報を出せることでしょうか。

松川佳奈（北海道担当）

ここに来ると、高め合える気がする。

キリーロバ・ナージャ（世界の教育担当）

そう。どんなメンバーが集まるかによって、みんなが出す情報の質も、力の質も変わってくるのです。雰囲気、重要です。

何人ぐらいが良いか？

Bチームは、最少2人から成立します。これは実証済み。電通には世界の拠点があるのでBチームglobalを一時期組んでいました。世界の拠点に「How to make Bteam in your office」っていうファイルを配って、Bチームの作り方を伝授して。

最初にできたのが電通Bチーム ミラノ。グルテンフリーレシピで有名なフードブロガーとクリエーティブ・ディレクターが2名で開始。クライアントから有識者と扱われてビジネスパートナーになりやすく、うまく行ったそうです。

逆に、最大何人まで行けるか？については、今56人ですが、まあギリギリですかね。日々やりとりを密にするには、もう少し少ない方がいい気がします。学校の1クラス40人はなかなか良くできた数字で、1つの目安かもしれません。そのあたりも、あくまで目安で。

B面はどれくらいの深さが必要か？

深さはもちろん深いに越したことはありませんが、浅くても大丈夫。深浅様々でいいです。

とある企業の人事の方々がBチームの作り方を教えて欲しいと来られたときの話。来られたのは8人で、はじめは「B面と呼べそうなものなんて、とてもとても」とみなさんおっしゃっていました。そこで、出身地は？　趣味は？　大学の専攻は？　部活はなんでした？　お子さんはいらっしゃいますか？　など聞いていくと、実はマクロビの資格を持っていてとか、昔漫画描いてましたとか、今子育て中で新米ママですとか、いろいろ出てきた。

「じゃあマクロビ的には何か最近面白い話ないですか？」「漫画的にはどうですか？」「ママ的には何かないですか？」と聞いてみると、ちゃんと面白い話が出てくる。ポジショントークができるくらい、それでOK。Bチームの出来上がりです。

つまり、そもそも誰でも専門家なんです。僕がよく言うのは「全員有識者」。この世に生活をしていて、いろんな側面がみんなある。その面から話をしてみれば確実にみんな、実感のこもったユニークで面白い情報を出せるものなのです。

② 個人でリサーチする

Bチームのメンバーには、前出どおり、自分のB面についての「〇〇担当特任リサーチャー」になってもらい、それぞれの1人1ジャンルのリサーチをお願いします。そして、ここがBチームの一つの大きな特徴。リサーチにかける時間は最低「ゼロ時間」でOKです。それでホントに成り立つのか？　半信半疑かもしれませんが、大丈夫です。

からくりはこうです。業務外で、自分の活動を好きだからやっていると、勝手にその情報は頭の中に蓄積されていきます。また、大学で専攻した分野、前職として働いていた業界、出身地についてのことなどは、知らず知らずのうちに体の中に入っている。それらを1つ1つ思い出して共有するだけで十分。そのジャンルでは当たり前と思われていても、その外にいる人にとっては価値ある、真新しい、面白いことがたくさんあるのです。

たとえば、最初の頃、金融担当の大槙が共有してくれたものに「ミセスワタナベ」という言葉があります。知ってます？　日本の主婦投資家のことです。主婦だけじゃなくサラリーマン投資家も含むようです。またの名をキモノトレーダーとも。知らなかった人にとっては、面白いでしょう？　金融業界には他にも「ヘリコプターマネー」などチャーミングなネーミングがたくさんあります。

誰が考えているんだろう？　その人をコピーライターとして雇いたいなとか、逆に日本から「ムッシュピエール」とか言ったらそれはＪ-ＰＯＰ好きのフランス人にあたるのかとか、まあそんな風に、金融業界にとっては新入社員でも知っていることでも、他の業界の人にとってはいろいろとインスパイアされて話は広がるわけです。情報が多様化している現代は、昔よりもさらにジャンルが分断されているので、この現象は進んでいると思われます。

なので、これは結構基本的な情報なんだけどな、ってことも臆せずリサーチの一事例に数えてください。だいぶ気が楽でしょう？　その業界では超基本的だけど、他の業界では知られてないものほど価値があると思ってください。

新聞、雑誌、テレビ、ラジオ、ネットなどのメディアを通じて得た情報も、もちろんＯＫです。誰でも触れられるとしても、そのジャンルのアンテナが立っていない人はスルーしていることが多いです。特に新聞なんか最近読む人が減ってますから、紙の全国紙に載っていることでも多くの人が知らなかったりします。そんな情報もリサーチの事例としてぜひストックお願いします。

本人にとって当たり前でも、他人が見たら全然そうではないことがあります。ぽろっと私

が言ったことに対して、皆さん勝手に面白がってくれるなあ、と思うこともあります。なので、とにかく出す、話すことが大事。こちらが何とも思ってなくても話が広がる場合もあるので。

松川佳奈（北海道担当）

でも、できれば。リサーチ時間ゼロでいいと言いつつ、情報を大切にしているBチームとしては、重宝するタイプの情報が2つあります。

1つは一次情報。つまり、伝え聞いたものでなく、自分で体験したものです。現地に行った、見た、食べた、直接本人に話を聞いたetc.。この手のものは情報の密度が違います。人に話したときの説得力、そして人をインスパイアする量が断然違います。肌で感じるという言葉もある通り、やっぱり人間って、audio とvisual だけじゃなくて五感で物事を感じている。僕らはその立場に立っています。

そして、あと確からしさ。今はいわば自己PRの時代ですから、PRが上手なだけなもの、または中身なくてもバズってるように見せている情報が多々あります。実際現場に行ってみると、意外と狭いなとか、写真を上手に撮ってあっただけか、とか。そういうのにだまされないように現物を確認するということですね。逆に、たまたま遭遇したまだ有名じゃないものごとは、未来の小さな萌芽として、素晴らしい情報になります。

もう1つは、検索できない情報。これはそのジャンルを張ってるからこそ見つけられるものです。業界の誰かから聞いた噂話、タレコミ情報なんかは特にこの類ですね。そういうものが増えてくると、特任リサーチャー感、地下組織感が出てきて盛り上がります。もちろん情報としても先を取っているわけですから、有効です。

以上が、リサーチについてお願いしたいことです。まずは本当に時間ゼロでいいですので、日々ただ頭の片隅に自分のB面を置いておいてください。この小さな積み重ねが、続けているうちにチームとして大きな差を生みます。

逆に禁止事項としては、仕事でクライアントさんと守秘義務契約をしているような情報。こういうのはダメです。当たり前ですね。リリースされるまでは、ご自分の頭の中だけで止めておいてください。

リサーチした情報はみんなオンライン、クラウド上にUPしてもらっています。特に共有して欲しいのは、インスパイアされる、他のジャンルに応用できそう、チームメンバーや同僚にはぜひ知っておいて欲しい、という情報です。

なぜならこういう情報は、今後の仕事にも、世の中にとっても、「ポテンシャル」があると思うからです。このポテンシャルを自分のB面から集める、つまり採集してもらっておく行為を我々は「ポテンシャル採集」と呼んでいます。2章の最後で出した事前準備は、これだったんです。

実際のポテンシャル採集の項目もほぼ同じで、

・事例タイトル ＋ 書いた人の名前 ＋ B面
・概要
・面白いと思った理由
・画像やリンク

の4項目でやっています。

最初の頃は、共有のプラットフォームとしてEvernote を使っていました。他も色々試しましたが、これが一番やりやすいかもです。UIがいいし、必要な情報をPDFにしてメールで送れるし。最近は社内のデジタルツールの統一により、違う方法をやってますが。

ポテンシャル採集の実際の画面（Evernoteを使っていた頃）

UPする情報の数は、月に2、3個でいいです。たったそれだけ？　はい、たったそれだけで。ですが、ずっと続けていくと膨大な数になります。そして、みんなに共有してないけど、メモっているだけのものも含めると自然と膨大なリサーチ量になっていきますから、たったそれだけで大丈夫です。

③ 情報を共有する

次は、月に1回のBチームの情報共有定例会に出てもらいます。みんなでやってきたポテンシャル採集を共有する回なので、「ポテンシャル採集会議」と呼んでいます。

ポテンシャル採集会議の1シーン

日々のリサーチは個人で、UPする先もオンラインなのに対して、この情報の共有は実際に顔を合わせてやります。クラウド上に共有したんだから会わなくても良くない？　と現代っ子の読者は言いそうですが、いや、絶対に会った方がいい。それぞれの人は書き込んだ情報の行間までしゃべるので断然面白い。インスパイアされる量が違います。

あと、ネット上にあっていつでも見られるとしたら、見ないでしょう？　強制的に物理的に会って共有する時間がないと、忙しくしてるうちにだんだん見なくなります。僕が意志が弱いだけかもしれませんが、人間ってそういうものじゃないでしょうか？

さて、このポテンシャル採集会議の時間は2時間です。電通Bチームでは、月に3回、A、B、C日程にわけてやっています。全員で集まるのはなかなか至難の業なので。3つの日程のうち、毎月どれか1回出てもらえればOKですが、もちろん全部出てもいいです。時間はいつも15〜17時、同じ会議室でやります。混乱しないように。出られる回に出ればいいので、集まるメンバーは毎回ランダムで違います。人数はだいたい10〜25人ですかね。やることは簡単です。まずは集まったメンバーに、一人ずつUPした情報を、画面で見ながら話してもらいます。ただ注意しなくてはいけないのは時間です。

B面のことが大好きだから、語り出すと止まらない。　小池亜季（ファッション担当）

なわけです。だからこそ面白いのですが、終わんなくなっちゃうんで。キッチンタイマーで5分計りつつ話してもらいます。

1人が終わったら、すぐ次の人へ。普通なら1人が発表したら質問とか受け付けると思いますが、それをやってるとほんと終わらなくなる。なので、聞きたいことや思いついたことは、全員の発表が終わってからまとめて最後に。その仕切りは大事です。毎月会議が長引くと、なかなか集まりも悪くなるのでそこだけは効率的に。

内容の方ですが、これは本当に面白い。好奇心大爆発。脳内はインスピレーションの嵐。

見たことのない情報「ばかり」が集まるのがすごいです。普通のミーティングでは「あれね〜」が多くなりがち。

石田沙綾子（ハンドメイド担当）

仕事とは離れた部分で自分が培ってきた専門的な知識が会社の仲間にリスペクトされる。

阿部光史（Make／電子工作担当）

B面を持った人たちをぶつけ合うと、予想のつかない無差別なチャンネルの接合があり、それが新しいアイデアや仕事を生んでいく。それがBチームなんです。同じB面の仲間と集まるのとは、全く違うんですよね……！

古谷萌（イラスト担当）

やはり自分が知らない世界を見せてくれるところが一番ですね。1人では一生カバーしきれないほどBな世界は無限に広がっているので。

松井浩太郎（音楽ビジネス担当）

今までこんな風に、ポテンシャル採集会議を5年以上毎月続けてきました。集めてきた事例は70ジャンル以上（5年やっているとメンバーも入れ替わっているので）から3000事例以上。どんなものがあるか、少しお見せしましょう。

ポテンシャル採集例①

2016/4/11

名前　鳥巣 智行　　**B面**　平和

事例タイトル　絵文字デモ

概要　ロンドンにて。絵文字のみでつくったプラカード。気候変動がテーマのデモで使われた。iPhoneに標準搭載されている絵文字が使われている。

面白いと思った理由　プラカードには刺激的な言葉を連ねがちだが、絵文字でチャーミングに、というデモのやり方もあるなと思った。かわいくて、シンプル。参加者も増えそう。絵文字という言語のポテンシャルを感じた。ケータイで送ることもできるし。

ポテンシャル採集例②　2016/10/26

名前　牛久保 暖　　**B面**　テーマフリー

事例タイトル　BRUTAL 匿名的な集団ワイン銘柄

概要　カルトな造り手の多いヴァン・ナチュール業界（自然製法&亜硫酸を加えないワイン製造）にあって、バルセロナというやや特殊な立ち位置に本拠を置くBRUTAL。
ここの特徴は自分たちではワインを造らず、業界のユニークな造り手に毎年製造を委託して、それをそのままその年のBRUTALとして製造者をやや匿名な感じにしてリリースしている。

ポテンシャル採集例③　2014/12/16

名前　木村 年秀

B面　ミュージック/アナログ

事例タイトル　ゴルジェ

概要　インド〜ネパール山岳地帯のクラブシーンで生まれた、低音の強調とタムの連打が生み出す呪術的なグルーブを特徴とする音楽。岩、山などを信仰。近年、世界中を席巻しているベースミュージックの流れとリンクし、カナダやアルゼンチンでも熱い盛り上がりを見せている。シーンを牽引しているのは、ネパールのCLUB SHERPAのレジデントである伝説のDJ NANGA。彼が作ったとされる幻の音源や語録がネットを飛び交い、日本中にゴルジェ・フォロワーが続出しているが……。今年に入り、実はNANGAは実在しないのではないか。いやそれ以前にゴルジェというジャンル自体がフェイクなのではないか。という噂が飛び交っている。果たして、ゴルジェはフェイクなのか。自分の耳で確かめてみよう。ちなみにゴルジェ愛好者は、名前に岩とか山のつく人を尊敬するなど、フェチが一貫しています。

ポテンシャル採集例④

2016/2/9

名前　後藤 陽一

B面　エクストリームスポーツ

事例タイトル　赤岳鉱泉アイスキャンディー

概要　長野県八ヶ岳山麓にある山小屋、「赤岳鉱泉」が作っている、アイスクライミング体験用の氷壁。

面白いと思った理由　登山のアクティビティの中でも最もエクストリームな種目アイスクライミングを気軽に体験できる場所を、山小屋のすぐとなりに作ったことで身近なアクティビティに変えた。赤岳鉱泉の4代目オーナーが、まだ26歳で、今年で5回目となる「アイスキャンディーフェスティバル」というイベントを開くなど、積極的に登山界に新しい風を吹き込もうとしている。人気は向上しているとはいえ、若年層の取り込みにまだまだ苦戦している登山界を変えていくにはこういった"エクストリーム"方向のプロモーションが必要だと感じた。

ポテンシャル採集例⑤

2015/6/22

名前　大屋 洋子　　**B面**　食

事例タイトル　彼氏の手料理を食べたことがある

概要　「彼氏の手料理を食べたことがある」人は「彼女の手料理を食べたことがある」人より多い、という事実（食ラボ調査Vol.4より）。4月に実施した「食生活ラボ調査Vol.4」で、「恋人の手料理を食べたことがある」の項目のスコアを見ると、20代男性は24%、30代男性では38%だったのに対し、20代女性は41%、30代女性では45%だった。40代以上の世代は、男性の方が女性のスコアを上回るものの、20代、30代では女性の方がスコアが高い。この傾向は前回調査（2013年9月）でも同様だったが、その流れはより強まっている。

面白いと思った理由　彼氏の1人暮らしの家に彼女が遊びに行ったとき、「キッチン借りるね♪」と言って手料理をふるまう、というシーンは、もはや昭和の一コマになっているのかもしれませんねー。

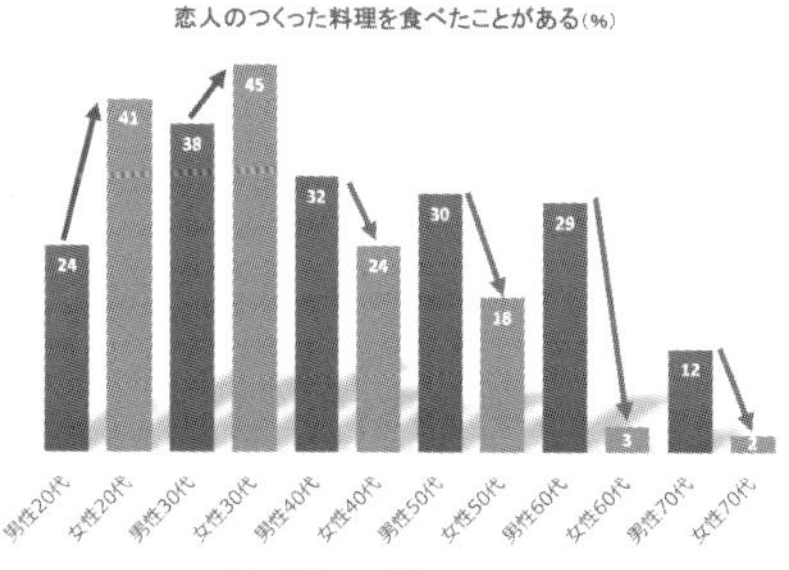

出典：電通「食生活ラボ調査vol.4」　2015年4月実施　全国男女個人1200名対象

どうでしょうか？　こんな感じのがあと３０００あります。全員で56個のアンテナを立てて集めた情報が大小新旧さまざまあるので、ニュースを2時間見たとしても、ネットサーフィンを2時間したとしても、絶対に集められない情報が2時間で入ってきます。計画的偶然でもたらされる情報。お互いの面白さが影響し合い、できる知識の渦。ライブでも見ているかのような充実感がいつもあります。

ぜひ、チームを組んで試してもらいたいところですが、１つだけ、ポテンシャル採集を盛り上げるコツがあります。とても簡単なことです。１人の発表が終わったら「拍手すること」。すごい情報を持っていることに対するリスペクト、知らないことを教えてくれたことに対する感謝としての拍手。拍手はチームの効率をポジティブに上げます。

ではここで、57番目のメンバーのあなたにも、あなたが集めたポテンシャルのある事例を発表してもらいましょう。

Mission3
自分の集めたポテンシャル採集を誰かに共有しましょう。時間は5分です。

④ コンセプトやプロジェクトを作る

ポテンシャル採集会議で、情報共有を1人5分ずつ効率的にできたら、2時間のうちの30分～1時間、時間が余っていると思います。この時間は、雑談タイム。さっきのあの情報もうちょっと聞かせてとか、自分のジャンルでもそれに近い話あってとか、だれだれの話がすごく面白かったとかいう感想含めて、多ジャンル同時雑談です。

雑談ですからね、ぜひとも「雑に」お願いします。というのは、どうやら世の中からこういう時間がかなり減っているらしい。無駄な会議をなくせ。会議は30分以内で。要点をまとめて。レジュメを用意して。効率的に。結論から言う。などなど。絶滅危惧種、レッドリスト認定の雑談を守る会みたいなもんです、我々。

世の中のビジネスマンはみんな、セレンディピティが大好きだと言いますね。そのくせに会議は効率的にやろうとし、リサーチはネットで済ませて現地に足を運ばない。時間は短く済むかもしれないけれど、長い目で見ると知識はたまらない。偶発的なアイデアも生まれない。デジタルでドライ。結果的に非効率的な、高め合えない組織になっていないでしょうか？　だから我々は断固として、一見無駄そうでも、楽しくてインスパイアされてお互いの人柄もよくわかる「雑談」を守りぬこうと思います。

そんな風にとにかく、仲間との対話も打ち合わせも、自分との対話もすべて雑談ベースで。考えも会話も、ふわふわと泳がせましょう。それで大丈夫。どこに着くかわからない。それが楽しい。しばらく待つ。そうすると、雑談の海を漂っている我々のチームという船は、どこかにたどり着く。必ず。必ず。

その間、ファシリテーターの僕は、ずっと張っています。その先に、新しい島がないか、望遠鏡で見ている。見知らぬ海流が流れていないか、常に調べている。新種の魚の群れが魚群探知機に映らないか、常にウォッチしている。僕以外のメンバーも、それぞれのセンサーで見ています。その雑談の流れを。船から思考の大海原に釣り糸を垂れながら。

そうするとだんだん話は、いくつかまとまりを帯びてくるんですよね。「それ、今担当してる仕事に即使える」「さっきの建築の話とショコラティエの話って、やり方としては同じだよね」「あの話を自分のジャンルに当てはめたら、面白いアイデアになるかも」「さっきのコスメの話は、ＡＩの教授が言っていたことに考え方が近い」とか。

その日にみんなが持ち寄った情報だけじゃなくて、それぞれの人の中にある記憶や、今A面で課せられているミッションや、これからB面で作ろうとしていた作品など、メンバーの頭の中で4次元で結びつく。それを喋る。そうするとその発言がまた違うB面を持つメンバーに刺さる。そしてその人の頭の中で瞬時に加工されてまた違う発言が飛び出す。

セレンディピティの培養器のようなものだと思います。Bチームの人に勧められた本を読んでいたら、別の話でその知識が役だったり。そんなことの連続が企業内でも起こりやすくなりますね。

坂本陽児（ソーシャルビジネス担当）

役に立たない知識が役に立つことがある、もっと言うと役に立たない知識なんてない、ということが伝わるとよいなと思っています。

中島英太（フェス担当）

違う言葉でこの流れを説明すると、この雑談というゆるい括りの中で、みんなの頭の中とお互いの会話でやっている作業は、因数分解と、抽象化と、換骨奪胎。そうすると、獲物が引っかかってくる。だんだん「何か」が見えてくる。

この作業は、もちろんポテンシャル採集会議の時間だけではなく、月に1回みんなで会った後も、to be continued。引き続き、日々、それぞれが考えたり、メンバー同士別の機会に話し合ったりしています。それには締切もなく、僕や誰かが強制的に指示することもありません。全部自主的。やりたいからやる。

その結果できてくるものは、2つのタイプに分かれます。

① 新しい価値観や考え方や方法論という目に見えないもの

② 世の中にまだない新しいモノやアイデアという形になりそうなもの

①はコンセプトにしていきます。電通Bチームは、新しい価値観を探索する部隊として発足しましたから、元々のミッションがこれですね。

②はプロジェクト化します。形として世の中に投げた方が良い企画は形にしちゃう。思いついたことはやらないともったいないですからね。

少し、例を引きましょうか。まずは①の例。二〇一六年一月十二日のポテンシャル採集会議で、文学担当がこういう情報を持ってきました。

【事例名】 泊まれる本屋「BOOK AND BED TOKYO」

【概要】読書してたらいつの間にか夜中2時になってて、もうあとちょっとだけってまぶたが重くてたまんない中も読み続けてたら、いつの間にか寝てしまった。そんな、誰もが一度は経験した事があるであろう最高に幸せな「寝る瞬間」の体験です。だから、コンセプトは泊まれる本屋。ＳＰＢＳ選書の幅広いジャンルをカバーした１７００冊の本（最大３０００冊まで収納）。英語の本に日本の旅行ガイドも充実。もちろん日本語の本も充実。

この情報を見て、ＰＬＡＹ担当の大山徹はいくつかの他の事例を思い出しました。例えば、

【事例名】ナイトズーラシア
【概要】横浜市営の動物園「ズーラシア」では、夏休み期間21時まで開園時間を延長している。夜、活発になった動物の生態を観察できる。蛍光ボードの手書き紹介ボードも、夜に興を添えている。

そして気づきました。「Ｂチームでみんなが共有する情報で面白いものは、修飾語がその事例を面白くしている」と。BOOK AND BED TOKYOの場合は、「泊まれる」が効い

ている。ナイトズーラシアも「ナイト」が特徴付けている。それらがなければ、ただの本屋、ただの動物園だ。

大山はそれをきっかけに過去アップされたポテンシャル採集を中心に世の中から「企画を面白くしている修飾語」を洗い出し、そのような言葉を「ミラクルワード」と命名、Forbes Japan で発表しました。その後、平和担当鳥巣と一緒にカードにして「ミラクルワードカード」として製品化。現在、研修事業として展開しています。

ミラクルワードカード

こんな感じで、それぞれが世の中のあらゆる事象の裏にある何かを見つけて、それに名前をつけて提唱します。例に挙げたミラクルワードの場合は発想法でしたが、それ以外にも自分が面白いなって思う流れ、好きだなという価値観、世の中にあるといいんじゃないかという感覚など、個人的に気づいた何かを、なるべくインパクトがあり、ワクワクして、誰か他の人もインスパイアする、今まで世の中にない形で、提唱するわけです。

今まで作ってきたコンセプトについては、本章末の「事例集2」にまとめてありますのでそちらを見てみてください。

②の例も1つ。二〇一四年の秋頃だったでしょうか、学生時代に僕に一番ノートを貸してくれた同級生、大坪正人くんと久しぶりに再会しました。彼は、茅ヶ崎の由紀精密という町工場の三代目。ピンチだった会社をV字回復させた中小企業の雄として日経の1面によく登場する人物です。

新橋でイタリアンを食べながら、お互いの近況を話しました。僕が話したのは発足したばかりのBチームのことでしたが、彼が教えてくれたのは日本の町工場を取り巻く状況のこと。

日本のGDPの約半分を稼ぐのが中小企業。町工場のほとんどはそのカテゴリーに入り、日本の産業の基幹部分であるが、結構ジリ貧の状況になってきている。プロデューサー人材が大事といわれながらも補助金は設備投資などのハードに関するものが大部分で、PRやプロデュースなどのソフト面にはあまり回っていない、と。

じゃあ、一丁一緒に何かやろうか。その国が補助できていない部分を自主的に一緒にプロジェクトとしてやってみようか。そう話しました。

そのとき僕がやりたいと言ったのは、プロダクトを一緒に作ること。その町工場が持つ技術がとてもわかりやすく反映された商品を作ることで、モノ自体が広報になるようにすることでしたが、大坪はせっかく電通と組むなら映像がやりたい、と言うので、プロダクトと映像の2つのラインを走らせることにしました。プロダクトの方は中小企業診断士の資格を持つ薬師寺肇、映像の方はメディアアート担当の下浜臨太郎を指名して、考え始めてもらいました。

しばらくして、下浜が大田区ものづくりフェアで面白いものを見つけた、と言ってやってきました。それは工場の機械がネジを作るシーンをアップで撮影した映像でした。その工場の社員さんが自らビデオで撮った展示用のもの（だから、かなり粗い映像でした）だったようですが、「これにテクノを当てたら、ほら、すごくいい感じでしょ?」と。

確かに、面白いし、気持ちいい。音楽となればミュージック担当の木村（DJ MOODMAN）なので、彼に見てもらうと、「ただのプロモーションビデオでは一過性で終わってしまうので、音楽レーベル化して継続できるプラットフォームにしたらいいのでは」とのこと。日本のハイクオリティーな町工場を音楽で支援。いいかも。

そして、プロジェクトスタート。いろんなジャンルの町工場に、木村の伝手で世界的ＤＪに行ってもらい、現場で録った音を使って曲を作ってもらいました。同時に、各工場の機械のクローズアップ映像を下浜がミュージックビデオに。二〇一六年十月、「INDUSTRIAL JP」プロジェクトとしてローンチしました。

INDUSTRIAL JP

発表後、日本国内はもちろん、ロシアやブルックリンなど世界中からレスポンスがあり、いくつかの工場から仕事を受注。別に僕らは賞を獲るために仕事をしているわけではありませんが、文化庁メディア芸術祭優秀賞、グッドデザイン賞金賞、そして東京ＡＤＣ（アートディレクターズクラブ）賞ではグランプリ、その他カンヌ広告祭をはじめとして海外でも多数受賞し、メッセージ性や仕事の仕方も含めて、異業種も同業種も驚かせました。

このように、自分たちが思いついてしまったり、課題に気づいてしまったりしたから自主的にプロジェクトを起こす。これが②のプロジェクト化。今の「町工場」の他にも、「教育」「日本の伝統」「あそび」「平和」「課題発見」「ルール」などについてプロジェクトを起こしています。

自由研究を与えられた気分で、会社員だけど学生みたいな取り組みができることが純粋に楽しいです。

―森加奈子（タイポグラフィ担当）

Bチームは、自分の専門面に対してのつながりが速いので、企画を出して「本当にやれるかな?」とフィジビリティの面で困ることがなくて、「あの人に話せばたぶんできる」という感覚で話ができるので、企画実現の速さ・確かさで、メリットがあるかなと思います。

筧将英（ビール担当）

僕はクリエーティビティーは誰にでもあり、そしてそれは誰かを助けるためや社会のためにあると考えています。世界の改善、人類の進歩、社会を面白くするために。だから、誰もやってないけど、誰にも頼まれてないけど、自分たちが気づいたから、思いついたから、やる。こういったプロジェクトを大事にしています。

僕らが打っている1つ1つの打ち手は小さなことかもしれませんが、どこかで何かのキッカケになり、5年後、10年後、１００年後大きなことが生まれているかもしれません。やるかやらないかで、未来は全然違うと思うのです。

電通Bチームのプロジェクトリストは本章末の「事例集3」にまとめています。

Mission4
コンセプトを考えましょう。

ポテンシャル採集をして、何か思いついたことはありませんか（新しい価値観、方法論、現象etc.）？　それに名前をつけて、コンセプト化してみましょう。

そのコンセプトは、自分が一個人として本当にいいと思う、信じられるもののみにしましょう。仕事上の立場としてや、自分が目立てそうだからとかいうものはNGです。

コンセプト名：
内容：

Mission5
プロジェクトを考えてみましょう。
あなたが自分のB面を持っているからこそ、思い付いたプロジェクトはありませんか？
誰かの役に立ったり、社会を少しでも変えたりするようなもの。規模の大小は問いません。
プロジェクト名：
内容：

⑤ 受注や相談に応える

こうやっていろいろと活動をしていると、社内外から、いろんな相談が持ち込まれます。0章で書きましたが、自分たちのデザイン＝自分たちが生きるこの社会をよりよくデザインするためのBチーム。誰かの悩みを、みんなの才能で解くのも喜びです。

それは受注とも言えますが、相談された仕事で、世の中に良い球を投げることができるわけなので、依頼してくださった方のことはクライアントではなく、チームメイト同様に「社会を変えるプロフェッショナルな仲間」と考えています。

B面を持っている人同士、ひかれあう感じがあるなあと思います。Bチームと仕事をしたがってくださる方々も、同じマインドだから声をかけてくださるわけなので。変わりたいと思っていたり、違うアプローチを探していたり、正攻法と違うことを恐れなかったり、バカみたいなことを本気で考える。そんな人が磁石のように集まってしまうんだなと。

大瀧篤（AI担当）

では、依頼案件の仕事の進め方を書いていきます。普通のチームとはここも違うはずなので、あなたの組織との違いを見つけながら読んでみてください。

まず、「会う」

すべては「会う」ことから始まります。直接僕らにご連絡いただいた方にお会いする。また、電通も営業（現在はBP＝ビジネスプロデューサーという肩書きになっていますが）がいて、各社を担当していますので、営業からの依頼の場合は、一緒に先方の方にお会いする。

「会う」って当たり前じゃん、と思うかもしれませんが、よく思い出してください。会う前からすでに仕事を始めちゃってるケース、ありませんか？

例えば、営業がクライアントさんの悩みを聞いてきて、「プレゼンまで時間がなくて、なんとか会うときに1案でも持って行ってもらえないだろうか。ほんと仮でいいからさ」とか、そういうケース。しかも依頼内容を紙で（オリエンシートと広告業界では呼ばれますが）もらってきていたりする。営業が不安なのはわかりますが、こういうときも断固として会うまで何も持って行きません。

だって、本当に新しいことや変化を生む、未来を作るようなことを、会ったこともない方の熱量や人柄もわからないまま提案できるでしょうか？　持っていくことはできますが、当てずっぽうも良いところで、当たる確率は低い。直接僕らに連絡をいただいた場合も、まずお会いしてから考えます。似たようなケースが以前あったとしても、担当者、社風、業界、予算、期間が違えば、アプローチは全然違うものになりますから。

僕らが受けるべきか考える＆僕らと組むべきか考えてもらう

お会いしたら、２つのことをします。１つは、そのお仕事を僕らが受けるべきか考えます。納期や予算はもちろんですが、それと同様に「その仕事に個人的に共鳴できるかどうか？」を確認します。確認する相手は、自分の心と、チームメンバーと。「パーソナルなことを大事にする」プロセスです。

儲かるかもしれない、目立つかもしれない、だけど、社会的にはどうかなあ、と感じることには突っ込まない。一個人としては違和感がある、だけど、仕事だからやる、みたいなことが世の中横行してないでしょうか。そういうのはNG。大事な人生の時間とメンバーの才能の無駄。社会に対しても良くない。逆に、これは絶対に良い、世の中を面白くする、未来を明るくする！と心から共鳴するものについては、全力でお受けします。

また、スキル的に、僕らではなく、他のチームや会社が受けた方が依頼主のプロジェクトがよりうまくいくんじゃないか。そういう仕事は、むしろ他のチームをご紹介したりするようにしています。その方が、健全だと思うから。


もう1つは、逆に先方にも、僕らでいいか選んでもらう。電通Bチームとはこういうチームで、こういうメンバーがいて、今までこんな経験があって、こういう思想で動いていますと、まさにこの本に書いているようなことをかいつまんで説明します。

そして、世の中にない新しいことを生むには適していますが、そのためにはこういうノリでこういうプロセスで動くので、もっとカッチリと固い雰囲気で進めたければ、合わないかもしれませんと伝えます。その場合は、営業に帰り際に「チェンジ」って言ってください。そしたら、もう現れません、と。

そのお互いの確認ステップを経て、双方納得して「やりましょう！」となったら、プロジェクトをスタートします。

ま、これも、当たり前と言えば当たり前。ですが、世の中見渡すと、ここまで確認せずに、もっと曖昧にチームが編成されることの方が多くないでしょうか？　なので、お互いがお互いに選ぶ、ということを必ずしています。

新しいことって、条件はもちろんのこと、スキル、人柄、情熱、思想など含めて、お互いに信頼し合わなければ、生まれません。途中で必ず立ち現れるハードルを一緒に乗り越えなくてはいけませんから。逆に言うと、信頼し合えば生まれる可能性はグッと上がる。仕事は始めが肝心。だから、始めを大切にしています。

適任者を組み合わせて、最強チームを一瞬で作る

いざやるとなったら、次にチームを編成します。が、これは一瞬で終わります。なぜなら56ジャンル、元Bチームメンバーも含めれば70ジャンル以上の特任リサーチャーがいますから。しかもみんな気心知れて、性格まで知っている。このメンバーから、最適の人選

をすれば完了なので一瞬です。

たとえば、とある飲料メーカーから水についての新しいプロジェクトを相談されたとしましょう（この原稿を書いている目の前にペットボトルの水があるので）。そしたら、水に関係する領域のＢチームメンバーに声をかけます。

水は、健康が関係するから健康担当、勉強しながら飲むかもしれないから世界の教育担当、スポーツが関係するからエクストリームスポーツ担当、ＡＩで開発なんてこともあるからＡＩ担当、という風に。あと、農業と旅担当にも声かけるか、などなど。それぞれに「こういう案件なんだけど興味ない？」と聞いて、「やるやる！」となったら編成完了です。

例を変えると、新しいコワーキングスペースの相談だったら、建築担当と、新事業担当と、未来予測担当と、という風にフォーメーションが案件ごとに変わります。

仕事って、来る前からすでに勝負は始まっている。仕事が来てから、最強チームを組もうと人を探し始めたのでは遅い。サッカーにたとえるならば、常にピッチに出てみんなパス練が終わっていて、いつ試合が決まっても大丈夫。そんな感じを作っています。

また、依頼案件は基本本業側の仕事ですから、自分の好きなジャンルのことを、本業に生かすことができる流れになりやすい。みんなのモチベーションも高く、人にも喜んでもらえ、成果にもつながり、結果として本業ですごく新しいものを生むことができる。まさに「好きこそものの上手なれ」が起こっている状態になるのです。

これが基本的なチーム編成ですが、ここにプロジェクトの途中でその案件には組み込まなかった、それ以外のBチームメンバーにも知恵を借りるタイミングを作ったりもします。こうすることで、さらなる突破口や知恵が作れます。

Bチームメンバー全員宛てのメールに、お悩み相談などのメールを送ると、それに対して、色々なB面を生かした玄人アドバイスメールが飛び交い、1～2日間でいくつもの企画案が仕上がります。パス回しが速いし、中身が濃くて面白い。

久納寛子（農業担当）

たくさんのB面が1つの集団として動けるインフラがあることは可能性しかないと感じています。メンバー各人は何かあればBチームに相談すればいいと思っているので、いろんなコラボレーションが発生しています。相談すれば1つの解だけではなく、複数の解が得られることも非常に大きな可能性を持っていると思っています。今まで相談先を探したり、見つからなくて断ってしまったりしていたようなことを拾い上げることは企業にとって非常に大きなメリットではないでしょうか。

浅倉亮（3Dprinting担当）

さらに、そこにBチーム以外の才能も組み合わせることも。たくさんプロジェクトを抱えると戦力が足りなくなるので、実は社内にBチームにわざと入ってもらっていないメンバーがまだまだいて、彼らにも力を借ります。しつこいようで申し訳ないですが、さらにさらに加えて、社外の違う業界にいる信頼する仲間たちとも、常に協力体制を築いているので、外部メンバーとして入ってもらうこともよくあります。

なぜそんなに人の組合せにこだわるのか。それは、1つ1つの仕事やプロジェクトには、この世の中で担当すべき人がいる、その人がやるべき理由がある。そう考えるからです。才能というものは、1人1人に神様から与えられた宝物。70億人が別々の宝物を持ち、同じものは1つとない。才能こそが、世の中を豊かにし、未来をより良くするための、人類の資産。自分の才能はもちろんだけど、他の人の才能も、守らなくちゃ。大切にしなきゃ。だから、できる限り、知っている人の中で、最高の組合せをしたいと思っています。上司から降ってきた仕事をその部署の人が担当する流れもアリだけど、適材適所の確率が低い。世の中の普通と違う仕事の流れを作っているのです。

最高の組合せが起こったときは、最高の効率で、最高のクオリティーの仕事ができ、関わった人たちはみんな最高のステージに上がれます。こんないいことはありません。そのために、仕事の始めの組合せに、これでもかというくらい神経を使っています。

以上、依頼案件のチームメイクについていろいろ書いてきました。電通はたまたま大企業のため、これだけたくさんのメンバーがいますが、もっと少人数でもできると思います。三人寄れば文殊の知恵と言いますし、実際電通のミラノのBチームは2人でもワークしていましたし。規模ややり方もご自分の組織に合わせてぜひアレンジを。イメージしてもらうといいのは「好きこそ物の上手なれ」×「文殊の知恵」。これが起こせるのが、Bチームの醍醐味です。

プレゼンしない

プロジェクトチームを組んだら、依頼主と全員で会って、プロジェクトスタートとなるわけですが、進めるにあたってもまたやり方があります。それは「プレゼンしない」こと。普通だと依頼が紙に書いてあって、説明を受けて、ではいつまでに提案してください、となるかと思いますが、僕らはこの流れでは仕事をしません。

なぜなら提案すると、された側はそれに対してなんとなく「YES」「NO」と言いたくなり、受発注関係になりがち。それでは新しいものは生めないからです。

僕らの理想はクライアントさんも含めて全員で「チーム」になること。お互いにスキルと力を出し合い、人類初で、世の中に役に立つものを実現するスペシャルチーム。チームだから、片方からの提案ではなくて、なるべくずっと双方向の会話を続ける。一緒にブレインストーミングし、案も一緒に出し、一緒にブラッシュアップする。机の上にある粘土を、一緒にこねて、1つの作品を作る感じ。

そうじゃないと、革命的な新しい企画って、実現しませんから。実際、一緒に考えているときにクライアントさんが思いついたアイデアを、僕らが形にするのを手伝って世に出たものもあります。僕らはそれでいいと思っています。

ひと昔前は、あれ、俺が思い付いたんだぜ、とアピールし、それで賞を取り、業界でサバイブしたり成り上がったりする必要があったかもしれませんが、今はそうじゃない。チームの誰が思いついてもいい、それがお得意さんの頭脳から飛び出してきてもいい。みんなの才能で、すごいことを実現する。そっちの方が仕事してる価値がある。そう考えていますが、みなさんはどっち派でしょうか？　垣根をなくしたチームになるために、プレゼンはなるべくしたくないのです。

紙を作らない、事前準備に時間をかけない

プロジェクトの進め方に関してもう1つ。なるべく書類を作らない、紙にしないようにしています。環境に配慮してデータにしてペーパーレス化してる、って意味じゃありません（そんな意味も込めてもいいけど）。提案資料を作らない、ということです。

理由は2つあって、1つは先ほどの「プレゼンしない」の目的と同じく、コラボラティブ、そこにいるみんなでの共創型にするためです。なるべく口と頭で仕事した方がそうなりやすい。お互いに喋る。意見を言う。違和感や疑問を口にする。そして、アイデアを出

す。他人のアイデアに自分のアイデアを乗っける。みんなで1つの、まだ見ぬ新しいものを作るための工夫です。

もう1つは、事前準備に時間を取りすぎないためです。広告業界もそうですし、他の業界もいろいろ垣間見ましたが、紙にするのに時間を取られすぎている印象があります。1回のプレゼンやアイデア打ち合わせに何十ページもの資料を持って行っていませんか？

そしてそもそもの方向性が違うために全アイデアも紙も無効、なんてことありませんか？まず話で詰める、確認する。方向性が決まったら、クライアントさん側では調査しておいてください、こちらはデザイン詰めときます、と役割分担していく。そうすれば、たぶん普通のチームの作業時間の10分の1のスピードで進められると思います。

といってもケースバイケースで、はじめから紙にすることもあります。ただし、多くの場合手書きです。例えば、とある企業の役員さんが新規事業部を作ったので手伝って欲しいとのことで伺ったときのこと。お会いして、まず先方のお人柄と熱意を確認した上で、「我々はお会いしてからしか提案しないのですが、時間がないので一応仮説を持ってきました。見ます?」と言って2枚の紙をお見せしました。仮説1枚、解決策1枚。それは、その会社に向かう途中のドトールで、万年筆で10分で書いたものでした。結果、その案件を即受注しました。

大事なのは考えが伝わること。考えで大枠を握ること。日本人はどうしても不安なのかアイデアに自信がないのか、緻密にしたがる癖があるので、その流れにはまらないようになるべくカジュアルに、Bチームのキーワードで言うと「ゆるく」しています。時間がからない分、考える時間にあてられるし、相手がアイデアを乗っけるスキマも作れます。そして、詰める段階になったらそこでグッとクオリティーを上げる。プロジェクトはマラソンと同じ。全部同じペースで走らず、その日の状況やライバルたちのペースなどに応じて変えていかないと、世界新は出ないのではないでしょうか。

プロジェクトの動かし方はこんな感じです。どうでしょう？　あなたの所属する組織とやり方は同じでしょうか？　違うでしょうか？

お気づきかもしれませんが、やり方もいろんなアンチでできています。今までのこれがおかしいからこう変える。どうも違和感があるからそれはやらない。そうやってプロセスでもプランBを作り、アイデア盛り込んでどんどん変えていくと、結構アウトプットも変わってくるものだと思います。

事例集2　電通Bチームで開発してきたコンセプト

様々な場所で発表してきたものを合わせると計67個になります(二〇二〇年五月現在)。

スモールメリット／無編集一人称コンテンツ／Kaizen the Mottainai／Prototype for One／アナろぐ／大前提ひっくり返し／類人猿コミュニケーション／プロセスの模様替え／一企業肩入れモデル／ダジャレノベーション／人生二毛作伊能忠敬モデル／コン築／セレディピティーレガシー／ミラクルワード／下克上タグ／変な宿題／脱ガチ思考／プロセス価値組／荒唐無稽仮説法／あたりまえメソッド／偏愛／PLAY FIRST／評価断捨離／情報の五感化／インクルーシブ・マーケティング／BUZZサーフィン理論／エポケーのすすめ／裏側を表にス／ストーリージェニック／ものぐさイノベーション／すきまオーシャン／4次元オープンイノベーション／逆立マーケティング／並と特上のススメ／ハッシュタグ進化論

／無のチャンス／体験の処方箋／ショートショート発想法／ツイスト改名／N人格／欲求反転法／プリンアラモードの法則／重くつくって、軽く売る／見立てノベーション／マイ賢者発想法／アーカイブ漏れ／バラバラbutつながりたい／花粉症型学習モデル／ストーリー・プロトタイピング／Bチーム／業活／はだかを見せるデザイン／レス法／やさしい炎上／AIになってみよう／遺伝的アルゴリズム的プランニング／確変的ルールメイク／ストリート／作り手八部、使い手二部／四十八茶百鼠／四方正面／見立て／舌頭千転／不易流行／崩し／10ジャンル同時ブレスト／シンパシーネットワーキング

過去発表したコンセプトは、こちらでご覧いただけます。

Forbes Japan
「電通Bチームのニューコンセプト採集」

ウェブ電通報
「電通Bチームのオルタナティブアプローチ」

ルール学 世界中のクリエーティブな「確変型ルール」をリサーチ。社会を面白くするルールをつくるプロジェクト。

アクティブラーニングこんなのどうだろう研究所 創造性を育む教育プログラムを数々開発、教育現場と企業に提供中。

PLAY FIRST 「遊びから入る」がコンセプト。これまでと違うアプローチのゲーミフィケーションプロジェクト。

INDUSTRIAL JP 日本の町工場の音と映像を、世界的DJ達がリミックスし、作品化する音楽レーベル。

Discover Japan CONCEPT 日本古来の概念で、特にイノベーションに寄与するものを収集&発信。

PEACE GAMES コミュニケーション力や課題解決力を、楽しみながら身につける平和学習プログラムを提供。

Hello Walrus　電通の海外拠点でB面を持つ社員をネットワーク。そのメンバーと収集した情報を冊子に。

デジタルボイスパレット　音声合成技術の普及、開発、利用ルール創造を目的として設立した一般社団法人。

新しい能率研究所　「○○が能率を上げる」をテーマに、今までとは異なる角度から、能率向上について考える。

課題ラボ　日本NPOセンターとの共同事業。NPOとの連携で日本中の最先端の課題を集めて、社会に提供する。

チャイムリノベーション　電通社内のチャイムを隠れた音楽の才能を持つ社員がリレー形式で演奏。耳からの働き方改革。

電通Bチーム渋谷支社　「渋谷のラジオ」のレギュラー番組。Bチームが集めた情報を、メンバーが交代で提供。

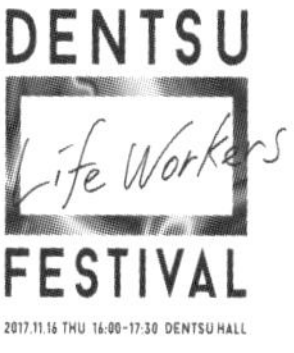

Life Workers FESTIVAL　私的活動を続ける電通人たちが、自らのB面を爆発させた、電通初のB面プレゼン大会!

裏アーカイブProject　広告業界が目を向けない広告のみを取り上げる、アドミュージアム東京でのイベント。

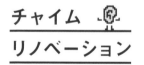

4

Bチーム運営のコツとヒミツと意味と価値

超適材適所が起こるとき

世の中に見える形でいろんな活動を行うBチームですが、その裏側では見えない部分、運営があるからこそ成り立っています。どうやってるの?って、Bチームをウチにもと思ってらっしゃる方には気になるところだと思うので、そのコツやヒミツを書いていきます。「Curiosity First」「ゆるくやる」「常に雑談」とか、雰囲気にまつわる抽象的なことの背後で行っている、より具体的な部分を羅列します。

Bチーム運営のコツ

メンバーをインタビューする

Bチームの宝はメンバー、そしてそれぞれが持つ個性や才能。その宝を磨いてもらい光ってもらう、組み合わせてより輝きを増してもらうことを僕は常々考えています。完璧にできてるか不明ですが、努力を続けています。

そのためには、それぞれのメンバーにチームに入ってもらうとき、または常々、自分としてはどうしたいのかを聞いておく必要があります。「何したいの?」「将来どうなりたいの?」「どういう人生にしたい?」「何ができたらハッピー?」など、平たくいえば夢、野望、ビジョン、理想を聞いておきます。

それが実現できそうなチャンスがあったときに、パスを出す。インタビューは、その将来のパスコースの確認です。

特別な名前をつける

才能を発揮して楽しく仕事する。遊び心満載でまだ見ぬものをクリエーションする。そのためには、気分が上がることが大事です。オフィスがおしゃれなのも良いですが、作る時間もお金もかかる。すぐできることとしてオススメなのが「特別な名前」をつけることです。

メンバーの肩書きは「○○担当特任リサーチャー」、情報を持ち寄る会議は「ポテンシャル採集会議」など。いちいち変わった名前をつけていたのは、こういう理由からです。そもそも「電通Bチーム」自体、チーム名ですごく得しています。気分の上でも、広報上でも。

二〇一九年大活躍したラグビー日本代表チームは、控え選手を「リザーブ」ではなく「インパクトプレーヤー」と呼んでいたそうです。また、エジソンの奥さんは自分のことを主婦でなく「Home Executive」と称していたという話もあります。

名前をつけるのはタダですから、いろんなことに、他のチームにないものをぜひつけましょう。

ロゴを作る

電通は、社内にデザイナーがたくさんいるからやりやすいことではあるのですが、チームはもちろんのこと、1つ1つのプロジェクトやコンセプトなどにも、ロゴを作っています。

イメージとしては、NASAが打ち上げごとに作るミッションエンブレムや、バイキングの旗と近いです。ロゴを作ることでビジュアルとしてパッケージ化されて、メンバーの一体感も上がり、外からもわかりやすくなります。そして、何より楽しくなります。3章末の事例集3「電通Bチームで開発した自主プロジェクト」のロゴを参考までに見てみてください。

ミニマム稼働

Bチームにメンバーを誘うとき、本人にはもちろんですが、その上司にも許可を得なくてはいけません。しかも誘いたい社員ほど常に忙しかったりする。どうするか？人材を「超薄く」借りることにしています。具体的には「最低月3時間貸してもらうだけで大丈夫です」と。B面の活動ですでに知っている情報で十分なのでリサーチは0時間、その情報をオンラインでUPするのに1時間、ポテンシャル採集会議に出て、対面で情報共有するのに2時間、計3時間です。

この短時間でいいので貸してもらったら、逆にこちらで集めた情報は全部そちらにも共有します、と話しています。今のBチームの場合だと、56倍のレバレッジを効かせて情報をその部署に戻すことができるのです。

こう話すと、今までどの部長さんにも、ダメとは言われませんでした。むしろ「ドンドンやって〜！」と。ただこれは、リサーチやコンセプトを作る雑談までの話で、自主プロジェクトを始めたり、受注したりしたときは別途時間がかかるので、それはまたお願いしています。

つまり、電通Bチームは超ミニマム稼働で回るようにしています。無理なく、自然と運営しようとした結果できたやり方です。他にも人件費のつけ方や収益の配分などもありますが、そこ含めて組織のルールの中で、やりやすくて持続可能性のある方法で進められれば、ちゃんと続くと思います。キーワードは、薄く、楽に、カジュアルに、です。

活躍してもらう

せっかくメンバーに加わって、類まれなるB面を貸してもらっているので、力を発揮してもらうステージを作るのはリーダーの責任です。僕らの場合だと、受注の仕事や相談で仕事を回すことに加え、連載や対談をなるべくみんなに担当してもらうようにしています。発信して活躍してもらう。そして、名物社員を1人でも増やす。そしたらまた新たなチャンスが生まれるはずですから。

だからもし、Bチームを作りたいと思われている方がいたら、舞台の美術監督になってステージを作るようなものだと思ってください。

みんなにメリットを作る

三方よしとはよく言ったもので、良いプロジェクトというものは、その三方は変われど、だいたい3方向の人をハッピーにしていることが多い。Bチームも、3方向にとってメリットがあるように常に考えています。

1方向目は、まずはもちろん参加メンバー。このことは既に書きました。2方向目は、社会。仕事やプロジェクトが社会のためになるように、すべての仕事でチャレンジする。3つ目は、「社」です。所属する会社の中でのBチームの意義。これを常にちゃんと考える。そのために、会社の中期経営計画はもちろん、会社の全リリースも毎日見る、会社の組織的な会議には全部出る、その上で何ができるか考えることを続けています。

Bチームという1つの歯車があるおかげで、広報的にも、経営的にも、将来のビジョン的にも、社が助かる。Bチーム以外の他の社員にとっても役に立つ。そこまで考えないと、ただの趣味人チームでいいよなあ、ってなっちゃいます。そして、長続きしない。みんなの役に立ってこそ、立とうとしてこそのBチームなのです。

さらに、Bチームの運営のヒミツ

　ここまで読み進めてくれている方はかなりBチームを作ろうと本気でしょうし、また、Bチーム的なるものが社会に増えるのは望むところなので、今まで外で話していないこと、さらにはメンバーにも言ってないかもしれないことを書いておきます。

上と握る？というより、いつも夢を語り合う

「どうやって上と握ってるんですか？」ってのもBチームを始めてからよくされる質問です。さっきも書いたけれど、社といつもビジョンを合わせて、役割をちゃんと担えるように建てつけていることに加えて、上司たちともよく話をします。直属の局長、その上の担当役員、その上の役員、たまに社長とも。

　で、何を話しているかというと、「今の社のビジョンはどんな感じになってきてますか？」「戦略はどんな感じですか？」「としたら、僕らはどういう役割を担うといいですか？」と質問しつつ、じゃあBチームはこういう係を担いましょうか、そうしたらこう

やってこうなると、こんなことができるかもしれませんね、ワクワク、と。上と握るというより、夢や理想を話しあっている。そんな会話です。

そして、上が変わるたびに話し直します。一番近くの歯車が変わったら、僕らも歯車のカタチや大きさを変える。そうやって、常に噛み合わせて、社と大きな動きを常に作れるようにしておく。

上司だって、人。パスをお互いに回せるように、特にピンチやチャンスでお互いに何かできるように、ホウレンソウ（報告・連絡・相談ですね）に加えて夢を語ることが大事。というよりも、僕は楽しみにしています。上の方々も僕が行くのを楽しみにしてくれているような気がしているのは、僕が一方的に思っているだけでしょうか？

メンバーにたまに報告メールする

56人もメンバーがいて、月に1回しか会わないと何が起こってるかわかりにくくなります。少しでも状況がわかるように、月に1回メンバーへの報告メールを出します。こんな仕事が来てあの人とあの人に担当してもらいました、とか、誰々がこんなプロジェクトを立ち上げました、とか、あのメディアには今月はあの人にでてもらって来月はあの人です、とか。

別にどのツールにしてもよいのですが、僕の場合はメールにしています。デジタルツールが多様化し過ぎているので、必ずみんなが見るメールに。このとき必ず書き込んでいるのは収益です。みんなのB面がこんな風に売り上げを生んでるよと、貢献を可視化する。

バーチャル組織に趣味人が集まっているのではないことを名実ともに示す。ゆるく、楽しく、遊び心を持って仕事をすることを大切にしつつ、ちゃんとやることをやっている。遊びではなく仕事である（いや、超真剣な遊びの延長としての仕事である）。そこを常にお互いに確認するのは大事なことです。

社史と接続する

意外かもしれませんが、僕は電通の歴史が大好きです。第4代社長吉田秀雄さんの伝記は線引きまくっているので人に貸せる状態でなく、御墓参りもたまにメンバーと行きます。こないだは出張のついでに創業者光永星郎さんの熊本のお墓と記念館も行ってきました。電通の過去の資料も、社史室も好きです。なぜならヒント満載だから。先輩方が苦労して突破して作り上げてきた創造物やドラマ。Bチームは実はこれらを参考にしています。

たとえば、電通の最初の企画室「プランニングセンター」。一九六二年に作られたこの組織は、それまでのスペースブローカーとしての広告代理店から、アイデア、プラン作成へと脱皮していくために作られた組織。これは、海外の代理店にあった「ティンカーグループ」を参考にしたそうで、そのメンバーは出社せずホテルにいて、ルーティンワークを持たず、社員が相談に来たらアイデアを授けて解決する、ティンカーベルみたいな特殊組織だったらしい。こんな面白い話を見つけたら、その組織がどうやって動いていたか、どういうメンバー構成だったか、どう稼いでいたか、などを過去のOBにもヒアリングして、やり方を参考にしていたりします。

なぜ社史がいいかというと、社風で現代とつながっているからですね。過去にあったなら、今もできる。前例に使えば説得材料にもなる。歴史は企業ごとに違うから、他社には真似できないオリジナルを生める。先人たちの気概にも触れられて、引き継いで、やってやろうという気持ちも盛り上がる。亡くなった先人たちも僕らを応援してくれる、ような気がする。

ぜひ社史室へ足を運び、自分の会社の創業者や歴史の本を手に取ってみてください。そして、そこのエッセンスをぜひ組織に組み込んでみてください。面白いことが起こりますよ。きっと。

Bチームを組む、意味と価値

何事もやはり、やってみなくてはわからない。Bチームを組むとどんなメリットがあるか。ある程度予想していたこともありますが、実際やってみると、想像以上、想定外の良いことも発見できました。これからBチームを組むかもしれない方のためにまとめてお伝えして、背中をプッシュしたいと思います。

社員の埋蔵資源を活用できる

本業のA面だけで勤めていた場合には、社員のB面は会社では眠っていただけなので、B面はいわば知的埋蔵資源です。才能も、その人が持っている情報も、人脈も。生かさないのは、もったいない。Bチームの作り方を知りたいという相談が増えてきたのを見ると、かなりの人がそう気付き始めているようです。

会社員という「個人の力」の可能性は、組織の中でもっと生かせると思います。誰にもB面があり、それを活用することがA面にも良い影響を与えることはまちがいないかと。

中島英太（フェス担当）

メンバーそれぞれの多様性ですね。企業としては雇用している個人のまるごとを会社のリソース化できるわけですからメリットしかないでしょう。一人の人としての社員の活動のどこまでを会社の業務として認めるか、責任を負うかの線引きをしっかりしさえすれば、企業内の人材活性化にもつながりますから良いことずくめだと思うのですが。

田中宏和（社会学担当）

超適材適所

Ｂ面を発揮できる仕事を回せば、メンバーのモチベーションも高く、活躍すべき人に活躍してもらえる。そしてすごい仕事が実現する。これについてはもう、十分理解いただけたと思います。

まさに、好きこそものの上手なれ、じゃないでしょうか。与えられた仕事を受け身でやるのに比べて、Ｂチームのメンバーが自分の担当ジャンルで動くと、その何倍、何百倍もの爆発力を持っていると思います。そこがすごい可能性を秘めている部分かなと。企業内にいるからこそ、すぐ会って話せる、何かを始めやすい＆進めやすい、また概ね同じ言語で会話ができる、同じ方向を向きやすいところはメリットかと思います。

大屋洋子（食担当）

組織の多様性を担保する

組織の多様性について、ある人がダイバーシティでなく「バラエティー」という単語を使っていて、それいいなあと思っていたのでここで使わせてもらうと、「人材のバラエティー感」が出ます。同じ会社にこんな人がいるんだ、と思えること。そして、仕事にたくさんの視点や価値観が入ること。このことにより、社の優位性がいろんな面でアップします。

一番はメンバー自身の幸福度を上げるところ。メリットはB面奇人が企業内にいると、その会社がたのしそうな会社や、良い意味であやしい会社にみえるところ。

小柴尊昭（写真担当）

A面における一般的な褒め言葉に「優秀」がありますが（そして自分はそういう評価を得ることを一つのモチベーションに働いていたのですが）、Bチームに入って以来、「優秀さ」とは誰か・何かにとっての比較優位としての有用性でしかなくて、それはそれで大事なことですが、結果的に自分の身をすり減らしていっていることに気がつきました。Bチームの人と話すときのことを思い返してみると、「優秀」という言葉が出てきたことは一度もなく、その代わりに飛び交っているのは「面白い」。「それ面白いね」「君は面白いね」という言葉は、その人の唯一無二性を賞賛する最大の賛辞であり、人をエンカレッジする魔法の言葉だと思いました。Bチームにいる人たちが優秀かどうかは僕にはわかりませんが、どうにも人間臭くて魅力的で面白い人たちばかりであることは断言できて、自分もその面白さに大いに影響を受けてきたなあと振り返っています。

山根有紀也（薬学担当）

Aというメインストリームに対するサブシステム（安全弁）としてとても大事な機能を担っていると思います。Aはたとえば「合理化」「効率化」「デジタル化」「グローバル化」などが当てはまります（これはこれでとても大事ですが、全員がその価値観一辺倒になってしまうのは、様々な環境変化に備えるべき企業体としてのリスクになると思います）。

中谷俊介（未来予測担当）

仕事の質が上がる

Bチームの仕事のプロセスが生むメリットは、多視点×モチベーション×スピードで、新しいことが生めること。組織の仕事の質を、乗数的に変えることができます。

違った角度や視点でものを見たり考えたりできるかどうかによって、イノベーションの起こる確度は変わると思います。企業のような組織化された枠組みで働くだけではもはや通用しなくなってきている時代だからこそ、専門性と意外性を持った存在が1つのブレイクの種になる。

飯田昭雄（ストリートカルチャー担当）

どんな仕事にも、お手本になるような「やり方」があります。Bチームでチームを組むと、その常識を壊して仕事ができることが多いです。裏技本を読みながらRPGを始めるような感覚でしょうか。また、当然ですが趣味の延長のような感じで楽しくプロジェクトが進みます（もちろん趣味だからこそ全員本気だし100％以上の力を発揮するのですが）。B面を持った人たちをぶつけ合うと、2人だと4倍、10人だと20倍の無差別なチャンネルの接合があり、それが新しいアイデアや仕事を生んでいく。それがBチームなんです。

古谷萌（イラスト担当）

イノベーションのジレンマに陥らない

「Bチームなんで」

これ、結構使える魔法の言葉です。Aチームがやりにくいことをやりやすい。本業だとできないけれども、社の未来として大事。社会の未来としても大事。そんなことがやりやすくなります。

だって、Bチームなんで。プランBに特化してるんで。B面を持った人々が担当するんで。小さく、速く、エッジを効かせて進められる。実験してみてうまくいかなければ畳めばいい。うまく行き始めたら、Aチームや正規軍にその成果を合流させたり、プランBを本流にしたりしてプランAにすればいい。そんなことが可能です。

このやり方は時代に合っています。ヒットソングの裏面で、実験していたビートルズみたいに、試しておきたい曲をB面に、ぜひ。今始めておかないと、未来に対応できなくなるかもしれませんよ。

Mission6

あなたの組織の中や、あなたの周りの人で、Bチーム（的なるもの）を組むとしたら、誰とどんなチームを組みますか？ そしてどんな活動をしますか？ 想像してみてください。

事例集4　電通Bチームで受注してきたプロジェクト

今まで120以上のプロジェクトを依頼いただき、一緒に新しいことにチャレンジしてきました。開示できるものもありますが、この本ではすべて匿名で羅列します。

自動車メーカー新商品開発／自動車メーカー未来ビジョン策定×2／日用品メーカー新商品開発／日用品メーカー新事業開発／日用品メーカー研修プログラム開発運営／化粧品メーカー新事業開発×2／飲料メーカー新商品開発×2／飲料メーカー新店舗開発／飲料メーカー新規事業開発×2／飲料メーカーカテゴリー創出／酒造メーカー新事業開発／家電メーカー新事業開発／某省新プロジェクト開発／食品メーカー新商品開発×2／不動産会社駅前開発／コワーキングスペース開発／ギフトメーカー新商品開発／運輸会社新プロジェクト開発／新人アーティストプロデュース／タイのテレビ番組制作支援／ギフト新商品開発／通信系企業経営層のブレーン／通信系企業プロダクト開発／通信系企業コンサルティング／エネルギー関連企業新事業開発／教育機関との教育プログラム開発×5／新しい文学賞立ち上げ／某文化施設リニューアル／食品メーカー企業研修／某自治体広報アドバイザー／某県教育事業立ち上げ／伝統産業復活支援／地方自治体研修×2／ローカルテレビ局新規事業立案／研修会社との研修開発／商社新規事業支援／化粧品メーカー企業研修／化粧品メーカー発想支援／地方紙新規事業支援・ブランド開発／総合化学メーカー研究所との技術ブランド開発／エレクトロニクスメーカー新事業サービス開発／エンタメ会社への情報提供／菓子メーカー新商品開発支援×2／菓子メーカーとの共同事業／新聞社とのセミナー／人材広告会社人材研修／人材広告会社セミナー開発／精密部品メーカー企業研修／国際会議コンセプトメイク／インターネットサイト新事業／精密化学メーカーC一開発／ソーシャルビジネス会社立ち上げ支援／某特殊産業企業発想支援／大学教授との新事業開発／大学の研究室[illegible]会社発想支援／飲料メーカー企業研修／食品メーカー企業研修　ほか

5

B面を個人で生かす方法

役に立つと、フラグが立つ

さて、電通Bチームの疑似体験の最後は、チームではなく個人でB面を本業に結びつける方法について書いておきます。最終的にはBチームを組むとしても、まずは1人で試してみるのもいいし、自分1人だけでやり続けてもいい。それにあなたが、組織に属する人じゃない、たとえばフリーランスかもしれませんしね。

A面ももちろんですが、B面はさらに人生と大きく関わるもの。個人の方法を説明するためには、まずは僕の半生について書かなくてはいけなそうです。すみません、しばしお付き合いください。

僕の場合の▲×B

僕の将来の夢は、小学校1年生の文集に書いてから、ずっと「発明家」でした。生活の中で主婦が考えた発明のような、ちょっとしたアイデアで特許とって大儲けみたいな話が大好きだったんですね。それで中高は理系クラス、大学も工学部に進みます。

しかし、大学院の1年になったとき、なんでこんな難しい式を理解しなきゃいけないんだろうという疑問がわき起こり、僕がやりたいのは「もっと生活に近いところでアイデアを出すことかも」と気づきます。デザインや広告にも興味を持っていたので、大学院ともう1つ、コピーライター養成講座という学校の両方に通うようになります。

そして、縁あって電通に入社。クリエーティブ局に配属され広告を作り始めました。チャンスに恵まれ超順調な滑り出しでしたが、入社3年目頃、なかなか自分のアイデアが実現しなくて苦しい時期に突入（3年目ですからね、要は実力がなかった）。悩んでいるうちに夏が来て、ボーナスが出ました。

それを手にしたときにある考えが閃きます。「そうだ、自分でアイデア商品作っちゃえばいいじゃん」と。つまり、自分がクライアントになっちゃえばいいじゃんと。同期とお金を出し合って、プロダクトを製作スタート。はじめて世に出したのが「flying card」（事例集1参照）でした。デザイン展に出展したり、インテリアショップやミュージアムショップで販売し始めたりして僕のB面が始まります。

活動を続けているうちに、異業種の仲間も増加、協力的な先輩の支援によって社公認になり、さらには社の海外留学制度に受理されます。これは学校に行っても企業に行っても良い制度だったので、世界で一番会ってみたかったバルセロナのプロダクトデザイナー、Marti Guxie にコンタクトを取り、作品集を見せに行きます。なんと受け入れOK。彼のスタジオで約8カ月働いてきました。

帰国後、広告とプロダクト／インテリアを、両方触ったことがある人はかなりレアなので、珍しいポジションになります。両業界の知見を応用して「プロジェクト」を作ることが次第に多くなり、その時点でA面とB面が合流。各社の新規事業から国のプロジェクトまでいろいろと手がけているうちに、「モノもコトもどっちも発明じゃん」と気づき、よりジャンルが関係なくなっていきます。そして、Bチームを立ち上げて、コンセプト担当として概念や方法を作って早5年。大好きなメンバーたちと、いろいろさらにチャレンジしている真っ最中です。つづく。

血と汗と涙と縁と運とドラマをいろいろ割愛して、僕のキャリアの流れを1000字以内で言うとこうなります。こうやってストーリーの中で振り返ると、B（プロダクト）をA（電通の仕事）に混ぜ始めることができたというポイントが2つありました。

誰かの役に立つ

すごくシンプルに言うと、「自分のB面で誰かの仕事の役に立った」。その瞬間にA×Bが実現しているのではないでしょうか。

好きなもので他者貢献してると、ゆっくりと、自然に、AとBがシナジーしていく気がします。バランスとしてはAがメインでしたが、最近は曖昧になりつつあります。

小柴尊昭（写真担当）

役に立つと言っても様々な形がありますが、思い返せば大きくは、以下の3つです。

①B面から情報提供する
②B面からのアイデアを混ぜる
③B面で培った人脈を混ぜる

Bを「リサーチャー目線でみる」視点が発明だと思います。リサーチャー目線で俯瞰してみると、仕事につながりやすいのだと思います。

石田沙綾子（ハンドメイド担当）

石田が言う通り、最初は情報提供から始めるのが簡単で入りやすいと思います。そのためには、B面についての活動を、周りの人にもある程度、知らせておく必要がありますね。僕の場合は、本業にB面からのアイデアはもちろんですが、人脈を混ぜ込むことが多かったです。人脈という言葉はビジネスライクな匂いがするので、B面の「仲間」という方が正確かもしれません。

先に書いたプロダクトを作り始めてからの一番の財産は、賞を獲ったことでも売れたことでもなく「ご縁」で、flying card 1個作ったことで、プロダクト業界の数百人もの新しい人々と出会うことができました。同じ回にデザイン展に出していたデザイナーのみなさん、ショップのバイヤーさんたち、違う業界のジャーナリストの方々など。

例えば、今やカリスマバイヤーと呼ばれるmethod の山田遊さん、ブックディレクターの幅允孝くん、ドイツ雑貨の第一人者塚本太朗さんなど。15年前のことですから、当時はお互いまだ若かった。その後、お互いいろんな経験もし、実績も積んでいる間に、本業でいろんなチャンスやピンチがあり、そのときに電通のスタッフに加えてこの仲間たちにも入ってもらって、一緒にプロジェクトを作ってきました。

そして、いい仕事ができて、たくさんの人に喜んでもらえた。僕がB面を生かせてこられたのも、この方々のおかげです。出会ってなかったらその後の人生の角度が確実に違います。

今、さらっと書いちゃいましたが、ピンチかチャンス。これが、B面を混ぜやすいグッドタイミング、言ってみれば「混ぜどき」です。本業で誰かが「困った」「なんとかして」と弱気につぶやいているときや「千載一遇のこのチャンスをつかみたい」と力を込めて言っているときに、B面から上記3つの何かを提供する。するとスムーズにBがAに入っていく。昨今のコミュニケーションと一緒で、Push じゃなくてPull の流れですね。これがオススメです。

本業と異業種に橋をかける。本業では行き詰まってしまっている状況で、対岸のみんなが行ったことのない隣町のリソースを持って来てあげる。その橋渡しが突破口になる。「ありがとう〜!」と感謝される。同僚も嬉しい。自分も嬉しい。とてもいい瞬間。そのときがA×Bが起こる瞬間ではないかと思います。

フラグが立つ

こうやって、B面を使っていろんな方の役に立とうとしていたり、実際立ったりしているうちに、周りのイメージがついてきます。フラグが立つってやつですね。そうなったら、イメージに近い案件が向こうから寄ってきます。しかも社内外から。

僕の場合は、広告業界でプロダクト作ってるやつ、ってこともありましたが、実際は「なんかよくわかんない案件はあいつに」っていうフラグが立ちました。そしてやってきた案件が、金星探査機のプロモーションや、電通の新卒採用のゲリラキャンペーン、APEC JAPAN 2010 やIMF・世界銀行総会日本開催2012 でどうジャパンプレゼンテーションするか、富士山が世界遺産になったあとの寄付を集める「冨嶽三十六プロジェクト」、東京モーターショーの再復活戦略立案や故郷佐賀県の有田焼創業四〇〇周年事業、森永製菓×JAXAのお菓子を食べながら宇宙を学べるキット、などなど。

こうなったら、混ぜるも混ぜないも、Aだけでは太刀打ちできませんからB面フル活用となります。

できる限り、つなげようと試みてきました。つながった結果、A面もより楽しくなりました。

週5日仕事している会社員、ではなく、週7日生きている「山田茜」として向き合いたいと思えるようになりました。それに、私の場合B面をB面として意識して発信したり、伸ばしたりしていこうと追求したことで、Instagramのフォロワーを1・7万人に増やすことができ、そのおかげでクライアントから指名でインスタグラマーとして仕事をご依頼いただく機会が増え、部署を異動することになりました。A面の仕事も、よりB面とつなげやすい内容・働き方ができるようになったんです。

山田茜（美容担当）

B面は、ほとんどの広告作業では関係なかったよ。15年ぐらい。しかし、どういうわけか徐々にB面、つまり建築分野が広告業界に進出してきていて、というか、つまり仕事の領域がすべて曖昧になってきている現代だからこそ「好き」が大切なんだろうな。「好き」なものがある人って、妙な説得力と凄まじいエネルギーがあると思うんだよね。そういうものを持つことで、説得力が増すし、周りに人が集まってくるので、本来のA面の仕事もうまく回ると思うんだ。つなげることで、フラグが立つようになりました。キャラが立つというか。そうすると、バイネームでの仕事が増えてくるんですよね。そうなると、毎日楽しいです。大変なことももちろんあるけど。

奥野圭亮（建築担当）

僕の場合は、広告×プロダクト・インテリア、でしたが、山田の場合は広告×美容、奥野の場合は広告×建築。ここに、こういうかけ算が起こると他にいないわけで、レアでユニークな存在になりやすい。ここに、少々の実績が積み重なってくれば、フラグが立つわけです。違う業界の方の場合も、違うB面の場合も同じことを起こせます。Bがあるからオンリーワンになり、フラグが立ちやすい。

でも、大事なのは、どこでいつつながるかわからないけど、やりたいことや好きなことはちゃんと胸に秘めておく。続けておく。そのことはみんなの共通点な気がします。

メンバーからの▲×Bアドバイス

続いてメンバーから、B面を本業に混ぜるためのアドバイスを紹介します。さすが、いろいろやってきた人たち。自分の言葉で独自の体験を語った名言がたくさんありました。

本業をまずは頑張る

ただ自分の好きな仕事をしていればよいということではなく、周りから応援してもらうには条件があると思っています。それはベースになる「本業」を、ちゃんとやれていることです。若手時代は好きな仕事を形にしようにもスキルも人脈も何もないので、まずは丁稚のように働いて力をつけたり、社中人脈を形成したりするのは大事だと感じています。ちゃんと頑張っている姿を見て初めて、周囲から応援もしてもらえると。

阿佐見綾香（ダイバーシティ担当）

無理して混ぜない

つなげようとすると無理が起こるのであまり良くないと思います。毎日を充実して生きていると、自然とつながるのでそれに任せるのが一番です。

坂本陽児（ソーシャルビジネス担当）

A面＝B面となっています。それはとても良いことなのですが、一方でB面のままの方が幸せということもあるかもしれません。

福田宏幸（AI担当）

キャリアと人生の幅が広がる

B面があること、さらには極めることで人生が豊かになる。Bチームの人たちを見て心に刻まれました。

松川佳奈（北海道担当）

自分のB面とA面をかけ合わせることができれば、いろんなキャリアの描き方ができると思います。Bチームメンバーの働き方を見ていると「こうでなくてはいけない」ではなく「こんなやり方もあるのか」という選択肢の幅を感じます。

鳥巣智行（平和担当）

「あぁ、これ全部、意味があったんだな」という意識になり、A面の方が変わりました。つまり、A面をポジティブに駆動する形にB面をエンジン化することができました。これがないとA面の方がむしろとっくの昔に興味がついえて続かなくなっていた可能性が高いです。

深い穴を掘るためには、間口の広さが必要だと思ってます。A面を極めていくためには、B面的アプローチから、間口を広げておかないと、掘り進むことができない。特に40歳以降は、間口の広さ、面白ネタをA面に注入しようとする余裕がないと、A面が続きません。

松井浩太郎（音楽ビジネス担当）

久納寛子（農業担当）

A面とB面は対極じゃなくて、つながっていく

ワークとライフはバランスを取るものではなく、ミックスするものだという考えがハッキリしました。

中島英太（フェス担当）

仕事との間にあった壁がなくなりました。突破してみると、薄い壁でした。つながった結果、いくつかのプロジェクトが生まれました。レコード好きの観点からすると、A面、B面と

いうよりは、両A面のシングル盤という感じでやっていきたい私です。

木村年秀（ミュージック担当）

レコードのA面とB面が膨らんで、ドーナツ状態になって、表面を這い続けているような感じです。たまにB面がA面のように感じることもあります。

上江洲佑布子（分子調理担当）

結局、BはAにつながり、最終的には全部つながって丸になる。B面がA面にとても作用する仕事をしている僕の場合、気づけば、A面もB面も1つの線上にあって、最近それが1つにつながって「丸」になることに気がついたわけです。

飯田昭雄（ストリートカルチャー担当）

あなたのヒントになりそうなアドバイス、ありましたか？　ぜひ参考にしてA×B、試してみてください。

ちなみに僕は、自分自身、プログラマーやハッカーみたいなものだと思っています。どうやったら、A×Bが実現するか、個性や思いついたことや好きなことを仕事に混ぜられるか、プロセスをプログラミングする。うまくつながるルートをハッキングする（もちろん、ホワイトハッカー）。

混ぜ方に正解はない。個性の数×本業側の組織文化の数だけ、AとBを混ぜていく方法はある。自分の頭で考えて、試したり、失敗したり、成功したりして、自分オリジナルの方法を編み出されることをオススメします。そしてぜひ、世界でもあなただけの仕事を成し遂げてください。

Mission7

好きなことを仕事にどうやって混ぜるか。A×Bを実現する、あなたの独自の作戦を考えてみましょう。

おわりに――Bチームの57人目のメンバーへ

プロジェクトも終わりに近づきました。電通Bチームでの疑似体験、いかがでしたでしょうか？

B面の見つけ方、育て方、Bチームの作り方、B面を個人で生かす方法と、たくさんの「方法論」を自分たちの体験ベースで記してきました。正直これだけ書いても、全然書ききれませんでした。でも大丈夫。一番伝えたかったのは方法ではなく、僕らが大事にしている「仕事観」だからです。

0章で伝えた、Bチームのスローガンやビジョン。覚えていますか？「Curiosity First」「パーソナルなことを大切にする」「自分たちのデザイン」。その他にも文中、仕事にまつわるいろんな思いを書いてきました。

これらは、Bチームを作ったから作ったのではなく、そもそも思っていたり、やっていたりしたものです。たぶん、Bチームのメンバーも元々そう考えていた。だからこれだけのメンバーが共感して集まってきて、自分の温めてきたB面をコネクトしてくれたんだと思います（だよね？　電通Bチームのみんな）。

いつも雑談ベースの僕らなので。少し違う話を挟みます。

「それぞれの才能をフルに発揮して、社会が自分たちに即した形に変えていく」「才能こそが、人類の資産。自分のも、他の人のも、守らなくちゃ」「できる限り、才能の最高の組み合わせをしたい」など、所々スローガンを違う言葉で膨らませて表現したパートもありましたが、僕がこんなことを強く思うようになったのには、とあるきっかけがありました。それはガンでした。

ステージ3の直腸ガン。それがわかったのはBチームを始めて1年も経たない2015年の春のこと。ドラマのワンシーンかと思いました。そんな宣告を受ける瞬間が自分の人生に来るなんて。

ステージ3の5年生存率は約75％。4分の1の確率で死ぬかもしれない。死ってほんとにあるんだと、初めてリアルに感じました。

夜、病院のベッドで一人寝ていると、当然いろいろと考えさせられます。人生の意味について。「自分は今まで何ができただろう？」「あの仕事とあの仕事は、やって意味があったと胸を張って言えるかも」「その、意味とは？」「人生で大切なのは、地位やお金や名誉じゃないってのは、その通りっぽいな」など。

おかげさまで、無事退院して復帰できたのですが、日常生活も仕事も、見る目が180度変わりました。人生は有限。仲間の才能も貴重な時間も微塵も無駄にできない。

病気のおかげで、気づいちゃったから。超適材適所で、みんなに活躍してもらって、世の中のために新しいモノを生む挑戦をしているのです。楽しいけど、楽じゃない。正直、日々戦い。でもやらなくちゃいけない。使命みたいなもんです。この大病からの学びが、仕事観のベースになっています。

もう1つ脱線。

これを書いている今の時刻は、二〇二〇年四月七日一八時五六分。もうすぐ安倍首相が新型コロナウイルス感染症への対策として、緊急事態宣言を出します。この本を読んでもらっているときの状況は想像できませんが、もしかしたらまだ外出自粛中かもしれませんね。まずは、感染しないように最大限の注意を。そして、もしも元気なら。今こそ籠もって自分のB面を磨くことを勧めます。

歴史を紐解くと、感染症と人類の戦い中に、実は様々な新しいモノが生まれています。ペストが大流行した一五九〇年代。現在同様劇場が閉鎖されたとき、かのシェークスピアは家で詩作に没頭。「ヴィーナスとアドーニス」などを発表します。再度流行した一七世紀。ケンブリッジ大学が休校になり、ニュートンは故郷で休暇を過ごします。そして、この期間中に着想したのが「微分積分」「プリズムでの分光」、そして「万有引力」だったそうです。

家で過ごす時間が必然的に増える今。もしもあなたが安全ならば、人知れず集中的に、自分の好きや才能にエネルギーを注ぎ込んでみてはどうでしょうか。コロナが明けたときには、歴史的な何かに辿り着いているかもしれません。

僕らも、もちろんコロナ中もその後も、引き続き変わらず、みんなでB面を深掘りし、さらにどんどん本業に混ぜ込んでいくつもりです。「Curiosity First」で、「パーソナルなことを大切に」して、「自分たちの社会をより良い方向へデザイン」できるように。挑戦を続けます。

あなたとの出会いは本を通じてでしたが、もしもこんな考え方に共感してもらえたならば、あなたは本当に志を同じうするBチームメンバーです。B面を生かしてもいいし、世の中に新しいオルタナティブなプランBを提唱するでもいい。同じ「この世のBチームのメンバー」として、それぞれの場所で、現代に、新しい何かを一緒に投げていけたら。そして社会を変えていけたら。仲間が増えて嬉しい。いつか一緒に仕事できたら最高ですね。

最後に。期限なしのミッションを出して、この疑似体験プロジェクトを終わりたいと思います。ここから、あなたと我々の共同プロジェクトの始まりです。57番目のメンバーさん、ご参加ありがとうございました。

Mission8

「Curiosity First」で、「パーソナルなことを大切に」して、「自分たちの社会をより良い方向へデザイン」できるように。良い仲間たちと、世の中へ何かを提唱する、その挑戦をすること。お互いに。

本書に関するお問い合わせ

このたびは翔泳社の書籍をお買い上げいただき、誠にありがとうございます。弊社では、読者の皆様からのお問い合わせに適切に対応させていただくため、以下のガイドラインへのご協力をお願いいたしております。下記項目をお読みいただき、手順に従ってお問い合わせください。

●ご質問される前に
弊社 Web サイトの「正誤表」をご参照ください。
これまでに判明した正誤や追加情報を掲載しています。
正誤表 https://www.shoeisha.co.jp/book/errata/

●ご質問方法
弊社 Web サイトの「刊行物 Q&A」をご利用ください。
刊行物 Q&A　https://www.shoeisha.co.jp/book/qa/
インターネットをご利用でない場合は、FAX または郵便にて、下記 " 翔泳社 愛読者サービスセンター " までお問い合わせください。電話でのご質問は、お受けしておりません。

●回答について
回答は、ご質問いただいた手段によってご返事申し上げます。ご質問の内容によっては、回答に数日ないしはそれ以上の期間を要する場合があります。

●ご質問に際してのご注意 本書の対象を超えるもの、記述個所を特定されないもの、また読者固有の環境に起因するご質問等にはお答えできませんので、あらかじめご了承ください。

●郵便物送付先およびFAX 番号
送付先住所 〒160-0006 東京都新宿区舟町 5
FAX 番号 03-5362-3818
宛先（株）翔泳社 愛読者サービスセンター

※ 本書に記載された URL 等は予告なく変更される場合があります。QRコードは原寸大で読み取ってください。
※ 本書の出版にあたっては正確な記述につとめましたが、著者や出版社などのいずれも、本書の内容に対してなんらかの保証をするものではなく、内容やサンプルに基づくいかなる運用結果に関してもいっさいの責任を負いません。
※ 本書に記載されている会社名、製品名はそれぞれ各社の商標および登録商標です。
※ 本書に記載されている情報は2020年5月執筆時点のものです。

会員特典について

電通Bチームの特製ポスター（PDF形式）を用意しています。

以下のサイトからダウンロードして入手してください。
https://www.shoeisha.co.jp/book/present/9784798164663

●注意
※ 会員特典データのダウンロードには、SHOEISHA iD（翔泳社が運営する無料の会員制度）への会員登録が必要です。詳しくは、Web サイトをご覧ください。
※ 会員特典データに関する権利は著者および株式会社翔泳社が所有しています。許可なく配布したり、Webサイトに転載することはできません。
※ 会員特典データの提供は予告なく終了することがあります。あらかじめご了承ください。

●免責事項
※ 会員特典データの記載内容は、2020年5月現在の法令等に基づいています。
※ 会員特典データに記載された URL 等は予告なく変更される場合があります。
※ 会員特典データの提供にあたっては正確な記述につとめましたが、著者や出版社などのいずれも、その内容に対してなんらかの保証をするものではなく、内容やサンプルに基づくいかなる運用結果に関してもいっさいの責任を負いません。
※会員特典データに記載されている会社名、製品名はそれぞれ各社の商標および登録商標です。

巻末付録

B面の履歴書

電通Bチームの現メンバーおよび過去に在籍したメンバーの「B面の履歴書」を紹介しています。それぞれのB面世界へは、QRコードを読み取って訪れてみてください。末尾には、あなたのB面を書き入れられる欄を用意しています。

※異動、転職などにより掲載不可のメンバーがいるため実際の人数よりも少ない掲載になっています。五十音順。

浅倉 亮

3Dprinting

慶應SFC在学中にデジタルファブリケーション分野で3Dプリンターを用いたファッションの研究を行う。伸縮性の生地に3Dプリントを施し、プリントパターンによって伸縮性をコントロールすることで立体形状やテキスタイルを発生させる技術を研究。現在もMAKERSとしてモノづくりを続けている。

阿佐見 綾香

ダイバーシティ

戦略プランナーとしてマーケティングや商品開発を担当。日本のLGBTを取り巻く課題と消費に関し、当時日本唯一の大規模なLGBT調査を実施。その他、ダイバーシティに関する複数のプロジェクト開発に携わる。持論は「LOVEのカタチが変わると消費が変わる」。

阿部 光史

Make ／電子工作

デジタル技術を用いたものづくりの「Make（メイク）」を担当。電子回路の製作やプログラミング、3Dプリンターなどを活用して様々なものを自作する世界的なムーブメントをレポートしている。自身も小学生時代に電子工作に目覚め、最近は空気圧駆動のゴム製カエルロボを製作。お化粧のメイクではありません。

天野 彬

SNS ／マッチング

1986年生まれ。東京大学大学院学際情報学府修士課程修了（M.A.）。SNSについての著書として『シェアしたがる心理―SNSの情報環境を読み解く7つの視点』（宣伝会議）や『SNS変遷史―「いいね!」でつながる社会のゆくえ』（イースト・プレス）など。マッチングアプリのトレンドにも詳しい。

飯國 なつき

落語

ある日、銭湯で落語を見たことがきっかけで、落語の自由さと気楽さにハマる。二つ目の落語家さんを中心に、月数回落語会へ。新作落語（最近つくられた落語）が大好きだが、古典も大好き。推し噺は「芝浜」「初天神」。

飯田 昭雄

ストリートカルチャー

多摩美術大学建築学科を卒業後、白夜書房に入社、エロ本部署に配属。裏原宿全盛時BAPE GALLERYを立ち上げ、その後W+K Tokyoでアートバイヤーとなる。東日本大震災直後にISHINOMAKI 2.0（NPO）を立ち上げ、現在、とりあえずやってみよう大学の運営および講師。

石田 沙綾子

ハンドメイド

マスプロダクトの逆=世界にたった一つしかないもの・手を動かしていると頭が整理され落ち着く瞑想のような時間・作り手が見え繋がれるきっかけ・ゆらぎや変なくせの存在・ヘタウマOKな寛容性。こんなハンドメイドの価値観が大好きです。

一森 加奈子

タイポグラフィ

アートディレクター。武蔵野美術大学出身。子供の頃からメモをとるとき書体をマネる癖を続けていたら「文字得意だよね」と言ってもらえたのでB面に。グラフィティや作字の分野から作品作りをつづけています。

伊東 美晃

コンテンツ

テレビ、イベント、エンタテインメント業界と長く関わり、その様々なコンテンツにも携わる。2019年までパリに居住。そのため、物事をまともに正面から捉える事だけでは物足りず、どうしても違う視点、視野、視座を求める癖あり。裏話好き。元「アクティブラーニングこんなのどうだろう研究所」メンバー。

上江洲 佑布子

分子調理／ハーブ

新しい料理を生み出すためのサイエンスとテクノロジーを考える、分子調理研究会会員番号5番。科学者、物理学者、シェフ、栄養学研究者やデザイナーなど異分野のプロフェッショナルがタッグを組んで新しい食体験をつくることに魅力を感じ、新しい介護食の開発などをサポートしている。

牛久保 暖

テーマフリー

浅く広く、低く高く、細かく大雑把に、良くも悪くも興味の赴くまま。真っ直ぐでないにせよ、ひとつに連なる好奇に駆られて事物を探求中。AじゃなければBだとして、Aじゃないものはたくさんある、ってことですかね。

大江 智之

e スポーツ

小さい頃に友達の家で初めてやったぷよぷよ通でボコボコにされたことがきっかけでハマる。ぷよぷよの公式がeスポーツの大会を開催し始めたことをきっかけにeスポーツの世界へ。eスポーツの精神性や従来のスポーツとの違いについて興味があり、自身が選手という立場を活かしながらリサーチしている。

大瀧 篤

AI

大学院にてAIを活用した人材育成の研究や、小型衛星開発・ロケット打ち上げに熱中。 現在も AIコピーライター AICOの開発をはじめ多くの「AI×クリエーティブ」なプロジェクトに取り組み中。双子の兄。世界ゆるスポーツ協会理事／スポーツクリエイター。

大槙 伸基

経済／金融

自堕落な学生時代の反動で、堅めの銀行員を志す（日本興業銀行、現みずほ銀行）。お金ビジネス漬けの毎日を送るうちに、この経験をむしろ希少価値化すべきと気づく。電通に転職、元銀行員広告マンとしての生き方に、快感を覚え始める。Bチーム結成、金融／経済担当として、異色の視点を注入中。

大森 紡

ファッション（～ 2018）

ファッションヒストリーやトレンドを通して、未来を考える。16年、休職制度を利用しNYへ留学。18年、Parsons School of Designでファッションデザイン学科を卒業後、電通退社へ。現在、NYで子育ての傍ら、テキスタイルヒストリーや織機の勉強中。

大屋 洋子

食

家政学部卒で、家庭科の教員免許を持っています。母親なので毎日食事も作っています。もちろん食べることが大好きです。会社で「食ラボ」という組織横断の有志プロジェクトをやっています。「食」は「人」を「良く」すると本気で思っています。なので、ずっと「食」を追いかけています。

大山 徹

PLAY

2014年からアナログゲームを制作するようになり、ついに小学生の頃から憧れていたゲームデザイナーに！体験から逆算をしてゲームや遊びを設計するのが好きです。代表作に「じゃれ本」、「マドリーノ」、「みもじ」、「ワードン」。「ポラリッチ」はゲームマーケット大賞2019優秀賞＆キッズ賞をダブル受賞。

奥野 圭亮

コン築（建築+コンテンツ）

大学・大学院で建築を学び、建築事務所で模型を作る日々の中「あれ?俺って建築の柱や梁のデザインがしたいんだっけ?」と思い立ち、建築まわりの街や道の「にぎわい」や「ワクワク」の方に興味を持つ。街のにぎわいやワクワクを求め、フィールドワークという名の飲み屋に今日も行く。部員募集中～。

小田 健児

宇宙

ネットメディアで世界初、2012年地球と宇宙をつなげてみんなで乾杯。国際宇宙ステーションと筑波管制室をつなぐ交信イベントを多数行う。色々な宇宙飛行士の皆さんともお話しするうちに自分もすっかり宇宙に行った気分。宇宙好きが高じて2016年電通宇宙ラボ創設し今に至る。

小野 裕三

HAIKU ／日本的美意識

現在、英国王立芸術大学（Royal College of Art）芸術人文学科に在籍。HAIKU（俳句）に象徴的に見られる日本的美意識の幅広い可能性を、文化的多様性、芸術とポエトリーの関係性、などの視点に立ち、批評と創作の両面から実践的に探究する。著書に『メキシコ料理店』（角川書店）、『超新撰21』（邑書林）。

筧 将英

ビール／漫画

ビール好きが高じてビールメディア「東京ビールクラブ」を2015年立ち上げ、編集長。ビールの資格を3つ持っており、コンテストの審査員も。ちなみに尿酸値が8.3までいった痛風予備軍です。漫画については、これまでに読んだ漫画は数千冊で、今でも紙の漫画を大量に購入。漫画のライターをしています。

木田 東吾

hack

今は昔、中学2年生のギーク野郎だった私はハッカーにあこがれていた。一見、技術的に困難な課題をアイデアとテクノロジーの力で突破するハッカーがすごくかっこよく見えた。あれ?これって広告にも通じてない？　以来、課題に対してあっと驚く「ハッカー的」手法で解決した事例を意識して収集している。

木村 年秀

ミュージック／アナログ

DJ歴30年。タイコクラブ、森道市場など出演は2000回を超える。DOMMUNEではレジデント。TECHNICSターンテーブルオーケストラ（2018）や町工場レーベルINDUSTRIAL JP（2016）の中のひと。2016カンヌライオンズ音楽部門審査員。レコードとボドゲと絵葉書が好き。aka MOODMAN。

キリーロバ・ナージャ

世界の教育

ソ連（当時）レニングラード生まれ。両親の転勤とともに、ロシア、日本、イギリス、フランス、アメリカ、カナダの地元校で教育を受けた。その背景にあった世界の多様でアクティブな教育のことを、コラム連載や絵本やワークショップにしている。アクティブラーニングこんなのどうだろう研究所メンバー。

工藤 英二

釣り／アウトドア

トラウトのルアー釣りは30年超えのキャリアで、アラスカやカナダへも釣り旅に出かける。静岡エフエム放送・ラジオ番組「OUTDOOR&FISHING」パーソナリティ、Webメディア「世界を釣ろう」代表。著書に『極北の大河に巨大鱒を追う』（彩図社）がある。

久納 寛子

農業

農林水産省入省後、電通に2年間出向。帰任後はBチーム的アプローチから、国の研究成果を使った事業をプロデュース。内臓脂肪を減らす効果が期待される、もち麦ご飯弁当を使った「12週間チャレンジ」など、食による健康を提案している。

倉成 英俊

コンセプト

小１の頃から将来の夢は発明家。2005年から紙飛行機の形で郵送できるポストカード「flying card」を皮切りに自主プロジェクト発表開始。次第に興味が、モノからコトへ変化し、最新作は2カ国の米を混ぜたおむすびで2カ国を結ぶ「United Rice Ball」。

小池 亜季

ファッション

入社以来、ファッション・ビューティ・ホテル・百貨店などのクライアントを担当。メディア業務・PRイベント・広告制作・海外プロジェクトを中心にクライアントサービスに従事。人・都市・文化との出会いが日々のモチベーションで、グローバルなファッショントレンドを日々ウォッチ中。

小柴 尊昭

写真

21世紀では電通社員で1人目のフォトグラファー。写真を広告領域などの既存の枠を超えた課題解決に活かすフォトリューションを提唱。ライフワークである家族社員や、クライアントポートレートも多数だが、電通社員も1000名以上撮影している。実は、写真に限らず五感刺激型の非言語コミュニケーションが好き。

後藤 陽一

エクストリームスポーツ

©Ryosuke Furuya

社会人2年目のとき、自然のままの雪山を滑るフリーライドスキーにハマる。2014年、祖父の別荘がある白馬村にフリーライドの世界選手権を誘致するプロジェクトを開始。2018年に電通を退職して同国際競技連盟のアジア事業統括に就任。10カ国以上から選手が集まるイベントを4道県で展開する。

小林 昌平

哲学

芸術家系で学究肌の血とショービズ系の俗な血筋の間に生まれる。少年期の「自分って何?」気質が封印された俗物の中高時代を経て東大合格を蹴った暗黒期に全開。世俗の悩みと深遠な古典をつなぐ著書『その悩み、哲学者がすでに答えを出しています』(文響社)が中韓台版も発売されるロングセラーに。

小林 百絵

伝統

日本の伝統工芸ブランドの起ち上げに携わっていたことをネタに電通に入社し、1年半で退社。大学院時代に知り合った台湾人女性と2人で、台湾発漢方のライフスタイルブランド「DAYLILY」(デイリリー)を始める。伝統工芸や漢方など、人の生活に長く残り続けているものが大好き。

坂巻 匡彦

プロダクトデザイン

大学でプロダクトデザインを専攻し、楽器メーカーのコルグに入社。ソフトウェアもハードウェアもプロトタイプを作ってから考えるスタイルのプロダクト・プランナーとして、kaossilatorなど様々なヒット商品を生み出す。様々なプロトタイプ事例を収集している。

坂本 陽児

ソーシャル・グッドな
キャンペーン

毎年6月、世界中のユニークな広告キャンペーンが集まるカンヌ国際クリエーティビティ祭に熱中・分析していくうちにそれらが解決しようとしている人権や、環境保護など様々な社会問題に関心を持ち始める。ヒゲ・メガネと、青い半透明のマイボトルが目印。

佐藤 恵美子

手描き記録

美大卒業記念の初海外旅行がきっかけで、海外旅行の手描き日記がライフワークに（1旅行につき1冊、毎日の行動・食事を、イラストをふんだんに使って記録。全資料も貼り付け！）。イベント行事の記録や会議の議事録も、自然と様子が目に浮かび、興味を持って読みたくなる「あえての手描き」で記録。

下浜 臨太郎

メディアアート

現代美術好き。日頃からいろいろなギャラリーや美術館を見て回っている。メディアアートはその定義がはっきりしていないだけにおもしろい。自身が参加する、のらもじ発見プロジェクト、INDUSTRIAL JP、が文化庁メディア芸術祭を受賞したことで、メディア芸術と呼ばれる領域に近づく。

社員 S

人事／茶道

茶道が趣味の人事パーソン。いろんな作法や点前はあれど、相手のことを考えて点てて、飲んでもらって、美味しいと思ってもらえて、初めて完成する一服のお茶が、なんだか広告のようでもあり日々のコミュニケーションのようでもあり、やめられません。

小豆澤 直子

グローバルもろもろ

日本生まれ→高1で渡米、大学院までアメリカで過ごす。就職で日本に戻ったが、海外業務に多く携わり上海、ロンドン駐在も経験。世界各国に散らばる友人・知人を訪ねて遊びに行くことが大好き。地元の生活・雑貨・イベント・音楽・アート……、日本人の目から見た「グローバルもろもろ」なネタを収集。

春原 千恵

富裕層マーケティング

前職の外資系証券会社が、同僚も取引先も富裕層ばかりで、これまでの自分とは縁遠い世界だったことから興味を持ち、富裕層での流行やカルチャー、マインドなどをリサーチするように。出身が経済学部ということもあり、近年は、ごく少数の富裕層によって動かされる昨今の世界経済のダイナミクスに関心を寄せる。

関島 章江

EdTech／教育ICT

2010年ドリル型漢字学習を苦手としていたわが子に、タブレット&アプリを渡したところ一晩で6年分を覚え、嫌いだった国語が好きになった。以来、ICT活用が学びの多様性と子どもの可能性を拡げると信じ、教育ICTのリサーチや事業開発に取り組んでいる。著書に『日本のICT教育にもの申す』（インプレスR&D）。

髙田 真理

京都

京大在学中、英語観光ガイドや紙芝居屋として活動。各国ゲストと京都の名所を巡った。卒業後も数年間京都に住みBチームでは先輩の碓井さんとテーマ京都を担当。京都は探索する度新たな発見がありその奥深さに絶望するところが魅力だと思う。著書「世界一の紙芝居屋ヤッサンの教え」（ダイヤモンド社）。

高橋 鴻介

発明

会社員として働いていたが、ものづくりへの愛が抑えきれず、発明家としても活動中。墨字と点字を重ね合わせた書体「Braille Neue」や、触手話をベースにしたユニバーサルなコミュニケーションゲーム「LINKAGE」など、新しい人と人のつながりを作る発明を生み出そうとしている。

髙橋 窓太郎

パブリックスペース／建築

小学生の頃、住んでいた煉瓦造りの家が壊されるのを見て、建築に興味を持つ。東京芸術大学建築科を卒業。入社後、大学同級生と建築デザイン集団DELICIOUS COMPANYを立ち上げる。現在、かつて映画館だった場所を改築、元映画館というオルタナティブなパブリックスペースの運営を行っている。

田中 宏和

社会学

1994年秋のプロ野球ドラフト会議、近鉄バファローズの一位指名選手が「田中宏和投手」。この衝撃から同姓同名収集家としての活動を続け、これまでに146名の田中宏和さんと会った。田中宏和というミクロな社会から、マクロな社会システムを構想する。一般社団法人田中宏和の会、代表理事。

田丸 雅智

ストーリー

短くて不思議な小説「ショートショート」を専門とする、ショートショート作家。電通Bチーム社外メンバー。現代ショートショートの旗手として執筆活動に加え、「坊っちゃん文学賞」などで審査員長を務めたり、全国各地で創作講座を開催している。著書に『海色の壜』（双葉社）『おとぎカンパニー』（光文社）など多数。

張 京

トラベルフォトグラフィー

2015年に北海道の雪原で出会った美しさに魅了され、その感動を人に伝えたいと風景写真を撮り始める。光をテーマに、壮大な景色が見せる奇跡な瞬間を追いかけ続けている。個　展「Amazing Moments」「Grace of Light」。写真集『GRACE OF LIGHT』（日経ナショナルジオグラフィック社）。

堤 惠理

ハッピネス

ロンドン100人以上の人を対象に、最近幸せを感じたことをたずねるリサーチを実施し、その研究結果をロンドンのTED×Hackneyで発表。現在は世の中を好奇心の目で探るデザインリサーチャーとして活動中。

東松 寛文

旅

平日はサラリーマンとして働く傍ら、週末で世界中を旅する「リーマントラベラー」。71カ国157都市に渡航。会話はボディランゲージ。日本にいるときはトランジット期間と考え、3カ月で世界一周を達成。地球の歩き方から旅のプロに選ばれる。著書に『サラリーマン2.0―週末だけで世界一周』(河出書房新社)など。

鳥巣 智行

平和

2002年高校生1万人署名活動一期生メンバーとして平和活動に携わり自分が被爆3世であることを知る。入社後2010年に被爆証言などの資料を デジタル化しGoogleマップ上にマッピングするナガサキアーカイブを制作。現在は新しい平和学習プログラムPeace Gamesに取り組んでいる。

中島 英太

フェス／DIY

幼少期から異種のプラモデルを合体させたりBASICのプログラミングにハマったり妄想と創作に励む。2012年ふとした思いつきから「パンダ音楽祭」をひとりで立ち上げ、以来毎年開催。発売1時間で完売する人気フェスに育てる。ほかに自信のあるDIYはビーフジャーキーづくり。

中谷 俊介

未来予測

普段は「情報センター」という企業内ライブラリを核に、社内ナレッジシェアを推進中。「奇人変人電通人」という社員のB面お披露目イベントを開催したことも。「未来予測」担当ですが、ホントは未来は予測不可能だと思っています（笑）。むしろ楽しい未来をみんなで一緒に作って行きたい!

奈木 れい

ペット／若者

入社1年目「好きなことを仕事にしろ」と命を受け、最も愛する愛犬を起点に、電通Think Pet Project 中心メンバーとなる。同時に、若者に対する大人の態度や振る舞いに違和感を覚え、電通若者研究部にも所属。「ペットと若者」を軸に様々な企業・外部団体とビジネス開発を推進。

能勢 哲司

新職業／新事業

2018年コミックで企業や人のブランディング支援をする幻冬舎ブランドコミックを創業。また、企業間レンタル移籍プラットフォームでメンターを担当。日々、ニッチな職業や事業を探索しながらその可能性を探究している。自身でも新しい価値を見いだせる新職業／新事業にチャレンジしている。

坂野 広奈

Theater

小学生のときにブロードウェイで鑑賞したミュージカルにはまり、米国の大学在学中に現地の「Rocky Horror Picture Show」プロダクションに携わる。大学では、コンテンツをはじめとする国の魅力を活用して国力を高める、ソフトパワーについて研究。月に数回のペースで観劇中。

飛田 智史

古着

結婚式で100年前のジャケットを着て、新婚旅行では古着の買い付けに行くほどのヴィンテージ古着好き。大学院で素材を研究していたこともあり古い服の素材を勝手に調査している。自分の古着屋をオープンしようと画策中。

福岡 郷介

サイエンス

高校生のころトンネル効果を知り物理に興味を持つ。大学院では量子情報科学を学び、量子テレポーテーションの実験に従事。今もarXivをたまに漁るほか、科学雑誌を趣味で読む。

福田 宏幸

AI／バイオ

コピーライターとして数々のクリエーティブ制作に関わりながら、データ・テクノロジー領域に関心を持ちAIソリューションの開発も手がける。クリエーティブとデータ・テクノロジーの融合を目指している。社外活動では、自分でディープラーニングのコードを書き、バイオの研究をしている。博士（科学）。

古谷 萌

イラスト／デザイン

社会人になってからひとつぼ展（現1WALL）のグラフィックアート部門にイラストでチャレンジし、グランプリを獲得。その後、社外活動として中学数学の教科書イラストや、音楽フェスのTシャツのイラストなどを手がけ、現在は自身の会社でアートディレクターとイラストレーターの二軸で働く。

松井 浩太郎

音楽ビジネス

高校時代自己流での作曲活動に没頭したことが遠因となり、入社後に企業Webサイトへの無償楽曲提供をひっそりと実行。Spotify、DOMMUNE、block.fmなど次世代を支える音楽&カルチャープラットフォームのマネタイズを実務化する傍ら、「不便で心に残る体験」について目下研究中。

松川 佳奈

北海道

生まれも育ちも北海道。現在も札幌在住。2000年電通北海道入社。近年はアイヌ文化関連の仕事に従事。魚卵アレルギーのため、北海道にいる幸せをわかっていないとよく言われる。2016年秋からBチームに参加。

松永 奈々

世界のカフェ

東京で生まれ、東京・マレーシア・沖縄・フランス・ベトナムで育つ。色々な街で生きてきたおかげで冒険好きに成長。おしゃれで面白いカフェを開拓すべく世界中を飛び回る。世界のどこにでもあるが、それぞれが個性を持っている、ユニバーサルでユニークなカフェという存在に愛を感じている。

森口 哲平

ルール

世の中をもっと面白くする「確変型ルール」をリサーチ。そこからアルゴリズムを発見することに取り組む。趣味も特技もないので、みんなが寄せる事例から自分のB面を新しく決めた後天的な種族。アルゴリズムを駆使して、ルールづくりで社会を「確変」させたい。

森 大樹

盆栽

赴任先の香川県高松市が松盆栽生産シェア80%だと知り盆栽に興味を持ち「盆栽士」の資格取得。次世代盆栽仲間を増やしたいと思い“盆人プロジェクト"を立上げ。国内外の盆栽の需要の拡大を目指し、盆栽女子ユニットの立上げ、SNS運用、動画制作、商品開発、イベント運用を通し盆栽普及活動を行っている。

山田 茜

美容

青春時代を勉強と恋愛に捧げ「見た目はミーハー女子・中身はガリ勉」。東京大学経済学部卒、入社後コピーライター→マーケティング営業→PR・広報。女性のインサイト分析を得意とし Forbes JAPANでコラムを5年連載中。Instagram @chocolat.akane はフォロワー 1.7万人、一児の母でママキャリアブログ運営中。

山根 有紀也

薬学

小さい頃から好奇心旺盛かつ優柔不断な子供で、何にでも興味を持ってしまう「自分」という生き物は何なんだろう?という疑問から、大学では薬学・生命科学を専攻。薬という物質が人間に作用する仕組みを学ぶ。卒業後も、カレー作りや銭湯などの「体験」を薬に見立て、人間の認知のメカニズムを探求している。

吉田 一馬

広島

生まれも育ちも「広島」の生粋の広島人。普段広島に住んでいると気づかなかったが、「カープ」や「世界遺産（宮島・原爆ドーム）」など、広島には「外の人たちに元気に見えるコンテンツ」がたくさんあることに気づき、広島の良さを色んな人に売込み中。著名カープファンが歌う応援歌リレー映像も毎年制作中!

吉田 晋太郎

爬虫類

幼稚園の頃、喘息を発症し、生き物が好きだが哺乳類はNGという環境の中、病院の庭で一匹のトカゲと出会う。気が付いたら自宅で8匹のトカゲを飼育。サラリーマン生活の中、自宅でジュラシックパークを作れないか孤軍奮闘中。

和田 有子

健康

2011年自身が立て続けに比較的大きな病気をした経験を経て、意識が少し変わる。翌年、産業カウンセラー資格を取得、いつのまにやらB面が本業になって人事局へ異動。産業保健の分野にまで関与。

名前

B 面

電通Bチーム

株式会社電通の中に実在する特殊クリエーティブチーム。広告業（＝A面）以外に、個人的なB面（＝私的活動、すごい趣味、前職など）を持った社員が集まって組織されている。2014年7月に電通総研Bチームとして発足し、その後、電通Bチームに改名。DJ、建築家、小説家、スキーヤー、平和活動家、AIエンジニアなど、現在56人の特任リサーチャーが１人１つの得意ジャンルを常にウォッチし、情報を収集、現代に必要な独自の「オルタナティブアプローチ」を開発し、社会と企業に提供している。チームのスローガンは「Curiosity First」。

https://bbbbb.team

ブックデザイン・イラスト　古谷萌+福吉佑美
DTP　BUCH+
編集　渡邊康治

仕事に「好き」を、混ぜていく。
あなたのB面を本業に生かすヒント

2020年6月8日 初版第1刷発行

著者　電通Bチーム《でんつうびー》
発行人　佐々木幹夫
発行所　株式会社 翔泳社（https://www.shoeisha.co.jp/）
印刷・製本　株式会社 ワコープラネット

ISBN978-4-7981-6466-3
Printed in Japan